Umwelthinweis: Gedruckt auf chlorfrei gebleichtem Papier

Herausgeber: Polyglott-Redaktion
Verfasser: Andreas Schneider
Lektorat: Frauke Burian
Art Direction: Illustration & Graphik Forster GmbH, Hamburg
Karten und Pläne: Thomas Willmann
Titeldesign-Konzept: V. Barl

Wir danken der griechischen Fremdenverkehrszentrale in
Frankfurt am Main für die uns bereitwillig gewährte Unterstützung.

Ergänzende Anregungen, für die wir jederzeit dankbar sind,
bitten wir zu richten an:
Polyglott-Verlag, Redaktion, Postfach 40 11 20, D-80711 München.

Alle Angaben wurden sorgfältig geprüft. Dennoch kann eine Gewähr
für Vollständigkeit und Richtigkeit nicht übernommen werden.

## Zeichenerklärung

- ❶ Information
- ◐ Öffnungszeiten
- Flugverbindung
- Busverbindung
- Schiffsverbindung
- Hotels und Pensionen:
- $⟩⟩ ab 13 000 Dr
- $⟩ 8000–13 000 Dr
- $ bis 8000 Dr
- △ Campingplatz
- Restaurant
  (Menü und Wein):
- $⟩⟩ ab 7000 Dr
- $⟩ 4000–7000 Dr
- $ 1500–4000 Dr

### Routenpläne

- ──①── Route mit Routenziffer
- Autobahn, Schnellstraße
- sonstige Straßen, Wege
- Staatsgrenze, Landesgrenze
- National-, Naturparksgrenze

### Stadtpläne

- Durchgangsstraße
- sonstige Straßen
- Fußgängerzone
- Fußweg

Erste Auflage 1995

Redaktionsschluß: November 1994
© 1995 by Polyglott-Verlag Dr. Bolte KG, München
Printed in Germany
ISBN 3-493-62823-4

Polyglott-Reiseführer

# Kreta

Andreas Schneider

Polyglott-Verlag München

## Allgemeines

| | |
|---|---:|
| Editorial | S. 7 |
| Ferieninsel und Wiege Europas | S. 8 |
| Geschichte im Überblick | S. 16 |
| Kultur gestern und heute | S. 20 |
| Essen und Trinken | S. 26 |
| Urlaub aktiv auf Kreta | S. 30 |
| Reisewege und Verkehrsmittel | S. 32 |
| Praktische Hinweise von A–Z | S. 90 |
| Register | S. 94 |

## Städtebeschreibungen

| | |
|---|---:|
| Iráklion: Betonwüste – aber „Kreta authentisch" | S. 33 |
| Knossós: Zentrum der minoischen Kultur | S. 40 |
| Ágios Nikólaos – Die weiße Stadt am malerischen Mirabéllo-Golf | S. 44 |
| Réthimnon: Venezianisch-türkische Altstadt und schmucker Hafen | S. 48 |
| Chaniá: Die Perle Westkretas | S. 50 |

## Routen

**Route 1**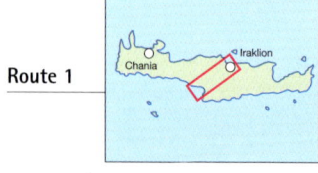

**Die Kunst- und Kulturlandschaft Messará-Ebene** — S. 55

Im Herzen Kretas liegen Phaistós, der am schönsten gelegene minoische Palast, und die Ausgrabungsstätte Agía Triáda.

**Route 2**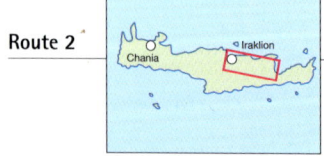

**Kretas bekannteste Hochebene** — S. 60

Von Iráklion oder Ágios Nikólaos auf die berühmte Lassíthi-Hochebene, wo zum Teil noch weißbespannte Windräder Wasser auf die Felder pumpen.

**Route 3**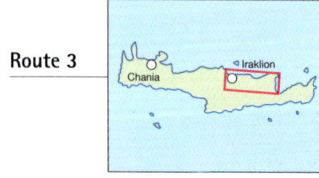

**Die Nordküste östlich von Iráklion** — S. 62

Von Iráklion über die Küstenstraße zum minoischen Palast von Mália, dem drittgrößten Palast Kretas, und seiner „goldreichen" Nekropole.

4 Polyglott

# Routen

**Route 4** 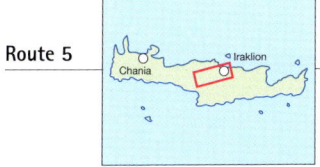 **Kretas wilder Osten**  S. 66

Weiter auf minoischer Spurensuche: Durch das „Tal der Toten" mit seinen Felshöhlen geht es nach Káto Zákros, der vierten Palastausgrabung.

**Route 5** 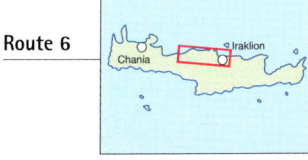 **Ins Ída-Massiv**  S. 72

Die Nida-Hochebene mit der mythischen Zeushöhle ist der beste Ausgangspunkt für die Besteigung des Psilorítis, des höchsten Bergs Kretas.

**Route 6** 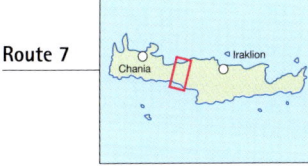 **Die Nordküste westlich von Iráklion**  S. 74

An dieser Route liegt das Kloster Arkádi, das kretische Nationalheiligtum, Symbol des Widerstands gegen die Türkenherrschaft.

**Route 7** 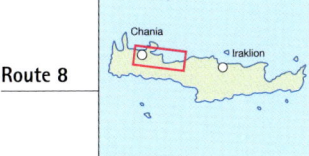 **Zwei „Traumstrände" und ein Kloster**  S. 78

Von Réthimnon an die Südküste zu der feinsandigen Bucht von Plakiás und zum Strand von Préveli mit seinem ungewöhnlichen Palmenhain.

**Route 8**  **Die Nordküste zwischen Réthimnon und Chaniá**  S. 79

An der Strecke von Réthimnon nach Chaniá liegt der einzige natürliche Süßwassersee Kretas, der See von Kournás.

**Route 9** **Ins Land der Sfakioten**  S. 82

Im schluchtenreichen, rauhen Bergland der Sfakía gibt es noch einige stille, abgelegene Dörfer, die man nur zu Fuß erwandern kann.

Polyglott **5**

## Routen

**Route 10** 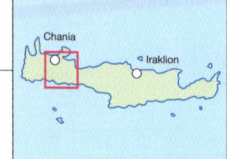 **Nationalpark Samariá-Schlucht** S. 84

Ein Höhepunkt für Wanderer und Naturfreunde ist die Durchquerung der Samariá-Schlucht, die an ihrer engsten Stelle nur drei Meter breit ist.

**Route 11**  **Der grüne und fruchtbare Westen** S. 85

Vorbei an den Ferienzentren der westlichen Nordküste geht es in die weniger besuchten Küstenorte am Libyschen Meer und zur einsamen Insel Gávdos.

**Route 12**  **Noch einmal der grüne Westen** S. 88

Klöster, verlassene Landschaften, flach auslaufende Strände: Der Kontrast zu den Touristenzentren an der Nordküste könnte nicht größer sein.

---

Fremde Kulturen kennenlernen und gastfreundlichen Menschen begegnen – wie sehr genießen wir das auf Reisen. Zu Hause bei uns jedoch wird mancher Ausländer von einer kleinen Minderheit beschimpft, bedroht und sogar mißhandelt. Alle, die in fremden Ländern Gastrecht genossen haben, tragen hier besondere Verantwortung. Deshalb: Lassen Sie es nicht zu, daß Ausländer diffamiert und angegriffen werden. Lassen Sie uns gemeinsam für die Würde des Menschen einstehen.

**Verlagsleitung und Mitarbeiter des Polyglott-Verlages**

# Editorial

Das griechische Wort *xénos* bedeutet sowohl „Gast" als auch „Fremder". Xenophobia heißt „Fremdenfeindlichkeit", Philoxenia „Gastfreundlichkeit" oder „Gastfreundschaft". Als Fremder ist man also immer zugleich auch Gast? So war es jedenfalls einmal, die Sprache spiegelt altehrwürdige Traditionen wider.

Heute gibt es die kretische Gastfreundschaft immer noch. Kreta hat eben einen harten, unverwüstlichen Kern. Aber die Touristen können sich der Xenophilie nicht mehr sicher sein. In den Küstenorten ist der *xénos* zum *pelátis*, zum Kunden, geworden. Und es besteht die Gefahr, daß er zum Feind wird.

Vor ein paar Jahren schrieb ein Kreter von der Südküste einen Leserbrief an eine griechische Zeitung: „Die Touristen sind gefährliche Feinde, weil man sie braucht. Man kann sie aus verschiedenen Gründen nicht einfach erschlagen, wie man Feinde früher erschlug. Aber man kann schweigen …"

*Nicht nur das Alter nimmt sich viel Zeit zum Plaudern.*

Achten wir Touristen also die heiligen Gesetze von Geben und Nehmen. Für eine Einladung von der Straße weg kann man sich leicht revanchieren, indem man einen Brief oder ein Päckchen von zu Hause schickt. Eine Geschenkidee für einen kretischen Mann wäre zum Beispiel ein gutes Taschenmesser. Besonders begehrt sind solide Artikel aus deutscher Produktion. Frauen macht man mit Kosmetika Freude, denn sie sind in Griechenland sehr teuer. Oder man schaut am Tag nach der Einladung noch einmal vorbei und bringt ein Geschenk, Blumen für die Hausfrau, Süßigkeiten für den Hausherrn und die Kinder. Und vergessen wir nicht, dem fotografisch eingefangenen Kreter die versprochenen Abzüge auch tatsächlich zu schicken.

## Der Autor

**Andreas Schneider,** Jahrgang 1951, studierte Geschichte, Griechisch und Archäologie. Heute veranstaltet er sozialgeschichtliche Studienreisen in Hamburg („Neues Reisen") und führt hin und wieder auch selbst Reisegruppen durch Kreta. Mehrere Publikationen, darunter Reiseführer über Griechenland und Zypern.

# Ferieninsel und Wiege Europas

Kreta ist als Urlaubsziel immer eine gute Wahl. Die vielseitige Insel hat für jeden Urlaubertyp etwas zu bieten. Wassersportler finden die saubersten Gewässer Griechenlands. Wanderer finden außer bezeichneten Wanderwegen ein Netz alter Maultierpfade, die durch paradiesische Landschaften, grandiose Schluchten und zu einsamen Bergdörfern führen. Und für alle, die einfach nur die Sonne genießen und Atmosphäre schnuppern wollen, gibt es über 300 Sonnentage im Jahr, einsame und belebte Buchten und Strände, kleine und große Badeorte für Ruhesuchende ebenso wie für Erlebnishungrige.

Kreta „ist ein Land inmitten des dunkel wogenden Meeres, schön und fruchtbar und wellenumflutet", dichtete der griechische Epiker Homer im 8. Jh. v. Chr. Doch schon zweitausend Jahre früher war auf der südlichsten Mittelmeerinsel die erste Hochkultur auf europäischem Boden entstanden. Die Fresken von Knossós zeigen eine friedliche Welt, eine Welt der Lebenslust, des Sports und des Spiels. Auf Darstellungen abgehobener Herrscher verzichteten die Minoer, dafür bildeten sie lieber prächtig gekleidete und barbusige Frauen ab.

König Minos, so wiederum Homer, herrschte über Knossós und das Labyrinth. Seine Tochter Ariadne gab ihrem Geliebten Theseus ein Garnknäuel, mit dessen Hilfe Theseus aus dem Labyrinth herausfand, nachdem er den Minotaurus, das gräßliche Stier-Mensch-Ungeheuer, getötet hatte. Den später eingewanderten Griechen war die minoische Kultur so wichtig, daß sie ihren Göttervater Zeus in einer minoischen Kulthöhle geboren sein ließen. Erwachsen geworden, verwandelte er sich in einen Stier und entführte die phönizische Königstochter Europa, die Namensgeberin unseres Kontinents, über das Meer nach Kreta

Knossós und das Archäologische Museum in Iráklion mit seinen einzigartigen Zeugnissen der minoischen Kultur sollten sich auch Kulturmuffel nicht entgehen lassen – wer den Mustern des Mythos und der Geschichte Kretas nachspürt, entdeckt ja zugleich auch die eigene Herkunft.

## Lage und Landschaft

Kreta, der „sechste Kontinent", liegt zwischen Europa, Asien und Afrika. Die „Satelliteninsel" Gávdos ist der südlichste Fleck Europas. Bei 257 km Länge ist die Insel groß und abwechslungsreich genug, daß sich die Touristen nicht auf die Füße treten und der Urlaub interessant gestaltet werden kann. Die Breite Kretas schwankt zwischen 12 km an der „Wespentaille" bei Ierápetra und 62 km an der breitesten Stelle bei Iráklion.

Berge, die bis in den Juni hinein Schneekuppen tragen, prägen die kretische Landschaft. Vier Massive gliedern die Insel: von West nach Ost die Weißen Berge (Lefká Óri) mit 2452 m Höhe, das Ida-Massiv mit dem höchsten Berg, dem Psilorítis, mit 2456 m nur vier Meter höher als die Weißen Berge, schließlich das Dikti-Massiv mit 2148 m und die Berge von Sitía mit 1450 m. Die Berge sind im Tertiär entstanden, in der Erdneuzeit, als sich Kreta als Teil des dinarisch-taurischen Gebirgsbogens (Balkanhalbinsel, Taurusgebirge) aufgefaltet hatte. Vorherrschendes Material ist Kalkstein, ein maritimes Sedimentgestein, in dem viele Versteinerungen von Meerestieren eingeschlossen sind. Kreta liegt mit seiner Südseite genau an der Bruchkante zwischen eurasischer und afrikanischer Scholle, was immer wieder zu mehr oder minder starken Erdbeben geführt hat. Daher fallen die Berge an der Südseite auch steil ins tiefe Meer

## FERIENINSEL UND WIEGE EUROPAS

ab, während sie im Norden als sanft abfallende Küstenebenen ins flache Meer auslaufen.

Landschaftliche Besonderheiten sind einmal über 3000 Tropfsteinhöhlen, zum zweiten wilde, oft unzugängliche Schluchten und zum dritten weite, fruchtbare Hochebenen.

## Klima und Reisezeit

Kreta ist eine Insel für alle Jahreszeiten. Im Sommer sorgt der von Norden kommende frische Fallwind Meltémi für Kühlung, im Winter ist es an der Südküste, wo Bananen und Palmen wachsen, noch immer angenehm warm. Bergwanderungen sollten ab Juni unternommen werden, wenn die Gipfel schneefrei sind. Botanisch Interessierte sowie Kunst- und Kulturreisende werden die Frühjahrs- und Herbstmonate bevorzugen. Da es in den Wintermonaten und noch bis in den April hinein an der Nordküste empfindlich kalt werden kann und kleine Hotels und Privatzimmer in der Regel keine Heizung haben, sollten Kälteempfindliche einen Daunenschlafsack oder eine Wärmflasche mitnehmen.

Für Höhlenbesuche und dunkle Ecken in byzantinischen Kirchen ist eine Taschenlampe, für das Baden von scharfkantigen Klippen aus sind Badeschuhe nützlich.

*Blick auf das Ída-Massiv, das höchste Bergmassiv Kretas.*

## Natur und Umwelt

Absoluter Naturhöhepunkt Kretas ist der grandiose Nationalpark Samariá. Die Schlucht ist eine der größten und tiefsten Europas. Die einst reichen Waldbestände der Insel sind mittlerweile kräftig dezimiert. Der Ölbaum ist an ihre Stelle getreten. 25 Mio. Bäume sollen auf Kreta wachsen. Nicht alle werden abgeerntet, denn der Preis fürs Olivenöl ist stark gefallen. Weitere auf Kreta häufig anzutreffende Kultur-

*Kaum zu fassen: 25 Millionen Olivenbäume gibt es auf Kreta.*

# FERIENINSEL UND WIEGE EUROPAS

pflanzen sind der Johannisbrotbaum und der Eßkastanienbaum, der vorwiegend in Westkreta kultiviert wird.

Reste der Ursprungsvegetation, Zypressen, Steineichen und Platanen, findet man in den schwer zugänglichen Schluchten an der Südküste. Die Samariá-Schlucht ist zudem ein Paradies für Orchideenfreunde, und hier im Naturschutzreservat hat auch die durch Wilderei vom Aussterben bedrohte kretische Wildziege (auch Bezoarziege oder Kri-Kri genannt) eine sichere Heimat gefunden.

Reich sind auch die Vorkommen an Wildkräutern. Diptam zum Beispiel war schon in der Antike ein Exportschlager, weil er bei Verwundungen das Blut stillt, gegen Gallenleiden hilft und man ihm nicht zuletzt auch eine erotisierende Wirkung nachsagt.

Kreta hat keine Umweltverschmutzung verursachende Großindustrie, nur in den Städten ist die Luft durch die Autoabgase belastet. Kläranlagen werden seit wenigen Jahren in allen Städten nachgerüstet. Die Gelder kommen im Rahmen eines großangelegten Programms zur Reinigung des Mittelmeers aus der EU-Kasse. Mit dem ersten Windpark der Insel bei Toploú hält die Nutzung der Windenergie auch auf Kreta Einzug. Solarenergie wird schon seit langem genutzt, fast jedes Haus hat Sonnenkollektoren zur Warmwassergewinnung.

## Bevölkerung – die „Supergriechen"

8000 Jahre Geschichte haben die Kreterin und den Kreter geprägt. Unab-

## Müllprobleme auf Kreta

Jedes Jahr zerreißen die Winterstürme einige der Plastikplanen, unter denen in Kreta Frühgemüse für die Märkte Mitteleuropas reift. Plastikfetzen soweit das Auge reicht, und keiner ist in Sicht, die sie jemals entfernt. Überall in Griechenland wird mit Plastikverpackungen äußerst großzügig verfahren. Selbst für Kleinsteinkäufe halten die Verkäufer in den Geschäften Plastiktüten kostenlos bereit. Auch das Mineralwasser wird vorwiegend in (riesigen) Plastikflaschen verkauft.

Eine getrennte Müllentsorgung ist zwar vorgesehen, aber noch nicht realisiert. Eine ökologische Partei im Parlament, die Druck hin auf eine ökologische Wende ausüben könnte, fehlt. In der letzten Legislaturperiode stellten die „Ökologen-Alternativen" immerhin eine Abgeordnete im Parlament. Aber eine zu den Wahlen vom Oktober 1993 eingeführte Drei-Prozent-Klausel machte den griechischen Grünen den Garaus. Müll wird nicht nur von kommunalen Betrieben, sondern auch von Privatunternehmern entsorgt. Sie transportieren den Müll der Dörfer auf Flächen, die die Gemeinde zur Verfügung stellt. Oft wird der Müll einfach verbrannt. Wenn man in Griechenland irgendwo Rauch aufsteigen sieht, ist oft kokelnder Müll die Ursache. Irgendwann später schieben Bulldozer Erde auf den Müll, womit das Problem erst einmal „gelöst" ist. Um Kosten zu sparen, schreiten die Dorfbewohner oft auch zur Selbsthilfe. Plastiktüten voller Müll werden vom fahrenden Auto so einfach in die nächste Schlucht „entsorgt".

Zur Vergrößerung der Müllmenge trägt der Tourismus erheblich bei. Hauptsächlich Touristen trinken das Quellwasser, das überall auf Kreta in Plastikflaschen angeboten wird. Kreter haben an ihrer Wasserqualität nichts auszusetzen. Nur in den Großstädten ist das Leitungswasser leicht gechlort, die Dörfer haben meist bestes, unbehandeltes Quellwasser.

## FERIENINSEL UND WIEGE EUROPAS

### Stellung der Frau

Erst 1983 wurde von der damaligen sozialistischen Regierung das Familienrecht reformiert. Die Eheleute wurden gleichgestellt, das Recht des Mannes auf eine Mitgift als „Entschädigung" für die Heirat abgeschafft. Erst seit dieser Zeit darf man in Griechenland übrigens auch standesamtlich heiraten. Vorher war ausschließlich die Kirche dafür zuständig, heute ist die standesamtliche Heirat neben die kirchliche getreten. Damit sind jetzt auch Scheidungen leichter möglich.

Doch Recht und tatsächliche Praxis sind bekanntlich zweierlei. Auf dem Lande hängt der Wert einer Frau meist immer noch von der Höhe der Mitgift und von ihrer jungfräulichen Ehre ab. Der Mann vertritt die Familie nach außen. Er verlangt, daß man ihm erotische Abenteuer, z. B. mit Touristinnen, nachsieht. Besonders drastisch spiegelt sich der griechische Patriarchalismus in der Praxis der Abtreibungen wider. Umfragen und Statistiken aus Krankenhäusern ergaben, daß Griechinnen in ihrem Leben durchschnittlich acht bis 15 Abtreibungen vornehmen lassen, in Einzelfällen sogar 30 bis 40! Nur zirka zwei Prozent der Griechinnen nehmen die Pille, fast 90 Prozent benutzen keine Verhütungsmittel. Dabei ist die Pille in Griechenland ohne Rezept in jeder Apotheke zu haben und um ein Drittel billiger als in Deutschland. Kondome werden selten verwendet, Verhütung ist eben Sache der Frau. Und die griechischen „Kamákia" in den Touristenorten, die, wie man sagt, Frauen „harpunieren" *(to kamáki*, „die Harpune"), benutzen Kondome eher zum Schutz vor Aids als aus Verantwortung ihrer Partnerin gegenüber.

*Vor allem im Frühjahr steht die Insel in voller Blütenpracht.*

*Der Pope scheut sich nicht, persönlich einkaufen zu gehen.*

*Handgestricktes, auch ein willkommener Nebenverdienst.*

## FERIENINSEL UND WIEGE EUROPAS

hängig ist die Insel jedoch selten gewesen. Mit den Römern beginnt im Jahre 67 v. Chr. die Abfolge der Fremdherrschaften, die bis 1898 andauern. Und doch ist es den fremden Besatzern, den Römern, Arabern, Venezianern, Türken und zuletzt – 1941–1945 – den Deutschen nie gelungen, Kreta und die Kreter restlos zu beugen. Im Gegenteil, der jahrhundertelange Widerstand gegen die Besatzer hat den Charakter der kretischen Bevölkerung geformt. Er äußert sich heute in Patriarchalismus, Stolz, Mißtrauch gegen „den Staat" in Athen und einem hoch angesiedelten Ehrgefühl, dem „Philotimo". Wenn die Ehre gekränkt wurde, kam es noch in jüngster Vergangenheit zur Blutrache. Ausdruck der von Widerstandskämpfen geprägten Vergangenheit ist die kretische Tracht: schwarz wegen der permanenten Trauer um Angehörige und „um Kreta", dazu blankgeputzte, militärisch anmutende Stiefel und ein Dolch im Gürtel. Ausdruck dafür ist auch der Brauch, daß „ein Kreter eine Feuerwaffe trägt". Achten Sie in den Kafenía und Tavernen auf Familienfotos, auf denen sich stolze Familienväter mit dem Gewehr in der Hand und mit umgelegtem Patronengürtel in Positur stellen. Oder auf Straßenschilder, die als Zielscheiben dienten und von Kugeln durchlöchert sind. Und wer das Glück hat, an einer Dorfhochzeit teilzunehmen, kann erleben, daß die Männer zum Wohle des Brautpaares Salven in die Luft knallen.

Kreter erkennt man oft schon am Namen. „- akis" ist die typisch kretische Endung. Dieses patronyme Suffix, wie die Sprachwissenschaftler sagen, sollte zeigen, daß der Sohn vom Vater abstammt. Theodorákis heißt somit „kleiner Theodor".

## Alltagsbräuche und Feste

Das Leben der Kreterinnen und Kreter ist in einen recht festen Tages- und Jahresrhythmus eingebunden. Für den Bauern beginnt der Tag im Morgengrauen. Er nutzt die Frische des Morgens für die Feldarbeit. Ein richtiges Frühstück, das Kolatsió, wird er erst nach einigen Stunden Arbeit einnehmen. Es besteht aus einigen Oliven, Käse und Brot oder – im Hause – aus warmer Milchsuppe, in die er Brot oder Zwieback brockt. Kaffee zum Frühstück ist unüblich; ihn trinkt man, wenn die Sonne zu hoch zum Arbeiten steht, im Kafeníon. Man denke also nicht, daß alle griechischen Männer faul sind, wenn man sie am späten

### Spekulation um die kretische Banane

Nur an der heißen Süd- und Ostküste Kretas können in Griechenland Bananen gedeihen. Um durch Hitzestau den Reifungsprozeß noch zu beschleunigen, hängen die Bauern Plastiksäcke über die Bananenstauden. Die in solchem Treibhausklima heranwachsenden tropischen Früchte sind klein, schmecken aber besser als ihre wohlgeformten Konkurrenten aus Ecuador oder Kolumbien. Und sie sind verhältnismäßig teuer.

Bis vor einigen Jahren schützte die griechische Regierung die kretische Bananenproduktion, indem sie den Import ausländischer, vor allem mittelamerikanischer Bananen untersagte.

Dadurch entstand eine solche Nachfrage nach den griechischen Bananen, daß der von der Regierung festgesetzte Preis von den Händlern umgangen werden konnte. Die kretische Banane verschwand von den Märkten und wurde unter der Hand für ca. 10 DM pro Kilo verkauft. Erst die Öffnung des Marktes für preiswerte Überseebananen hat den Preis wieder zurechtgerückt.

# FERIENINSEL UND WIEGE EUROPAS

Vormittag im Kafeníon versammelt sieht. Städter haben ähnliche Gewohnheiten: Hart arbeitende Werktätige nehmen morgens oft Patsás zu sich, eine heiße, stärkende Pansensuppe.

Abends begeben sich griechische Männer gern ins Kafeníon. Ein Junggeselle etwa dürfte nach der Arbeit in *seinem* Kafeníon zu finden sein. Er wird seine Wohnung oder die seiner Eltern oft als Gefängnis empfinden, wie er sich ausdrücken würde. Im Kafeníon trifft er Freunde, Bekannte und Geschäftspartner. Dort werden auch Verträge abgeschlossen – oft noch per Handschlag, was genauso bindend ist wie die Unterschrift auf dem Papier. Frauen ist der Zutritt ins Kafeníon zwar nicht verboten, doch was haben sie in diesem traditionsreichen Männerklub zu melden?

Im Jahresrhythmus wechseln sich in schöner Regelmäßigkeit kirchliche, patriotische, kulturelle und Famlienfeste ab (s. auch S. 24). Taufen, Verlobungen, Hochzeiten, Beerdigungen und Totenfeiern, die Panigíria am Namenstag der Heiligen, die kirchlichen, die Kastanien-, Schnecken-, Orangen-, Wein- und Fischerfeste sind immer ein willkommener Anlaß, ausgiebig zu schmausen, zu trinken und ausgelassen zu tanzen. Oft ziehen sich die Festlichkeiten über Tage hin.

*In einem echten griechischen Kafeníon ist das „starke Geschlecht" nach wie vor unter sich.*

## Wirtschaft

Rückgrat der kretischen Wirtschaft sind der Tourismus und die Landwirtschaft. Von den ca. 200 000 Erwerbstätigen der Insel arbeitet laut Statistik die Hälfte in der Landwirtschaft. Doch in welchem Maße, ist schwer zu sagen. Manche selbständigen Handwerker geben als Beruf „Bauer" an, um Steuern zu sparen, denn die Kleinbauern gehören zu den steuerprivilegierten Schichten. Und viele Landwirte vermieten im Sommer Zimmer oder arbeiten in den Touristenzentren der Küste.

Insgesamt werden auf der Insel ca. 150 000 Betten vermietet. Ein Großteil

*Die farbenfrohen Früchte der Obstbäume beleben die Optik der kretischen Landschaft.*

# FERIENINSEL UND WIEGE EUROPAS

der Kreter lebt heute direkt oder indirekt vom Tourismus. Hinzu kommen im Sommer Saisonarbeiter aus ganz Griechenland.

Die Landwirtschaft läßt sich aufgliedern in einen klassischen Zweig, der Oliven, Wein, Schaf- und Ziegenfleisch, Joghurt, Honig und Käse produziert, und in einen neueren, rentableren, Gewächshausgemüse produzierenden Zweig.

Nach dem Eintritt in die EG 1981 haben die Agrarkonzerne der entwickelten EG-Länder den griechischen Kleinbauern ernsthaft Konkurrenz gemacht. „Original griechischer Schafskäse" beispielsweise wird aus den Niederlanden, aus Dänemark oder Deutschland importiert und ist deutlich preiswerter als der einheimische. Preisverfall ist angesichts billiger Euro-Öle auch beim kretischen Olivenöl festzustellen, das neben dem von Halamáta (Peloponnes) als das beste Europas gilt. Allein das kretische Gewächshausgemüse findet zu guten Preisen Absatz, nicht nur in Griechenland, sondern auch in den Supermärkten der EU.

## Verwaltung und Sozialpolitik

Griechenland hat 13 Provinzen, eine davon ist Kreta. Die Provinzen sind in Bezirke *(nomos,* Plural *nomoi)* eingeteilt – auf Kreta vier – und diese wiederum in einzelne Kreise *(eparchia, -ies)*. Die unterste Ebene der Verwaltungshierarchie bilden die Städte *(dimos, dimi)* und die Gemeinden *(kinotita, -tes)*. Die großen Linien der Politik werden aber in Athen bestimmt. Griechenland ist ein ausgesprochen zentralistisch geführtes Land. Und dies vor allem, was die „Staatsquote" angeht: Der Staat selbst ist zu ca. 50 Prozent am Wirtschaftsgeschehen beteiligt, Banken sind gar zu 70 Prozent in staatlichem Besitz.

Die sozialistische PASOK, die seit Oktober 1993 regiert, versucht, die Staatsbetriebe nach politischen Maßstäben zu führen: Arbeitsplätze werden geschaffen, auch wenn sie unrentabel sind; vor dem Bankrott stehende Firmen werden vom Staat übernommen, um die Arbeitsplätze zu retten, Staatsangestellte erhalten zahlreiche Privilegien.

## Schattenwirtschaft

Der griechische Staat hat seine liebe Not mit der Steuermoral seiner Untertanen. Über 50 Prozent der Griechen sind als „Selbständige und deren Familienangehörige" beschäftigt und haben so die Möglichkeit, Einnahmen undeklariert in die eigene Tasche fließen zu lassen. Experten schätzen, daß 30 bis 50 Prozent des griechischen Bruttosozialprodukts durch Schwarzarbeit erzeugt werden. Diese Schattenwirtschaft geht nicht in die Statistiken ein, und so klafft ein großer Unterschied zwischen der realen Lebenslage der Griechen und dem, was die Statistik darüber aussagt.

Der Staat versucht nun verständlicherweise, dem Nationalsport Steuerhinterziehung entgegenzuwirken. Er hat sich dazu einiges einfallen lassen: Bauherren werden erst dann ans Stromnetz angeschlossen, wenn sie nachweisen können, daß Löhne und Versicherungsbeiträge für selbständig arbeitende Bauarbeiter auch ordnungsgemäß abgeführt worden sind. Finanzbeamte erscheinen unangemeldet in Hotels und vergleichen Rechnungen und vermietete Zimmer.

Oder das Beispiel Mehrwertsteuer. Als sie am 1. Januar 1988 eingeführt wurde, beantragten 60 000 Kleinunternehmer überhaupt erst eine Zulassung mit Steuernummer. Ohne Nummer wären sie nämlich von den Herstellern und Großhändlern nicht beliefert worden.

## FERIENINSEL UND WIEGE EUROPAS

Überhaupt stellt die Bürokratie ein großes Problem dar. Die personell stark überbesetzte Verwaltung arbeitet wenig effektiv und genießt daher bei den Bürgern ein nicht gerade hohes Ansehen. Die geringe Effizienz der schlecht organisierten Behörden wird speziell im Finanzbereich sichtbar. Obwohl der Staat einige neue Gesetze erlassen hat, sind die Finanzämter kaum in der Lage, die traditionell übliche Steuerhinterziehung in den Griff zu bekommen.

*Fischer beim Netzeflicken – ein gewohnter Anblick.*

Das Steueraufkommen reicht bei weitem nicht aus, um die Löhne im aufgeblähten Industrie- und Beamtenapparat zu finanzieren. Immer neue Schulden müssen aufgenommen werden. Aber das treibt die Inflation hoch – Griechenland ist mit ca. 15 Prozent Inflation Schlußlicht der EU. Für die weiche Drachme werden in Deutschland keine amtlichen Devisenkurse festgestellt, und sie gehört nicht zum Europäischen Währungssystem.

*Eine Schafherde ist immer wieder ein willkommenes Fotomotiv.*

### Steckbrief

**Fläche:** 8259 km² (ohne die „Satelliteninseln") – knapp 2,5 mal so groß wie Mallorca.

**Höchste Berge:** Psilorítis, Ída-Massiv, 2456 m; Páchnes, Weiße Berge (Lefká Óri), 2452 m.

**Hauptstadt:** Iráklion, ca. 135 000 Einwohner.

**Bevölkerung:** 600 000 Einwohner.

**Religion:** fast 100 Prozent orthodox.

**Lebenserwartung:** 76 Jahre, wie in Deutschland.

**Erwerbsbereiche:** 50 Prozent Landwirtschaft, 20 Prozent Industrie, 30 Prozent Dienstleistungen (vornehmlich Tourismus).

**Löhne:** ca. 35 Prozent der durchschnittlichen EU-Löhne.

*Rot an rot – Sonnenschirme an einem kretischen „Luxus-Beach".*

# Geschichte im Überblick

## Vorpalastzeit (ca. 6000–ca. 2000 v. Chr.)

**7. Jt. v. Chr.** Kreta wird im Neolithikum vermutlich von Anatoliern besiedelt.

**3000 v. Chr.** Weitere Siedler treffen ein. Es kommt zur „neolithischen Revolution": Jäger und Sammler bauen sich feste Siedlungen und betreiben Agrikultur. Zentrum dieser Frühkultur ist die Messará-Ebene.

## Ältere Palastzeit (ca. 2000–ca. 1700 v. Chr.)

Um ca. 2000 v. Chr. entstehen die minoischen Paläste in Phaistós, Knossós, Mália und Káto Zákros. Bisher ist nicht hinreichend geklärt, welche gesellschaftlichen Verhältnisse zum Bau der Paläste geführt haben und wie sie politisch zueinander standen.

## Jüngere Palastzeit (ca. 1700–ca. 1450 v. Chr.)

Nachdem die älteren Paläste vermutlich einer Naturkatastrophe zum Opfer gefallen waren, werden auf den Ruinen der alten neue Herrschersitze errichtet.

Die Minoer sind unbestritten die See- und Handelsmacht im östlichen Mittelmeerraum. Reichtum und spezialisiertes Handwerk führen zur minoischen Blütezeit.

## Mykenische Herrschaft (ca. 1450–ca. 1150 v. Chr.)

Kreta wird von mykenischen Truppen aus dem Peloponnes erobert. Die Paläste werden zerstört. Allein Knossós und Archánes werden wieder aufgebaut und dienen einem mykenischen Herrscher als Sitz. Als Grabbeigaben tauchen fortan Waffen auf.

## Zeit der griechischen Stadtstaaten (ca. 800–67 v. Chr.)

Nach dem Untergang des mykenischen Reiches (Ursache ebenfalls ungeklärt) kurz nach 1200 wandern dorische Griechen in mehreren Schüben vom Peloponnes her ein. Zirka 35 Poleis teilen sich die Insel und befehden sich. Im Hellenismus (ab ca. 330 v. Chr.) behalten die Stadtstaaten weitgehend ihre Unabhängigkeit.

## Römische Zeit (67 v. Chr.–4. Jh. n. Chr.)

**67 v. Chr.** Kreta wird römische Provinz. Górtis ist Hauptstadt eines Gebietes, zu dem auch die nordafrikanische Kyrenaika (heutiges Libyen) gehört.

**59 n. Chr.** Der Apostel Paulus landet auf dem Weg nach Rom bei Kalí Liménes und läßt seinen Begleiter Titus zurück, um durch ihn das Christentum zu verbreiten.

## Byzantinische Herrschaft (395–1204)

**395** Mit der Teilung des Römischen Reiches fällt Kreta an Ostrom (Byzantinisches Reich) mit der Hauptstadt Konstantinopel (Byzanz). Der Byzantinische Staat ist durch die Einheit von Staat und Kirche gekennzeichnet, den Cäsaropapismus.

**726–780 und 815–843** Bilderstreit. Die Ikonenverehrung und -herstellung wird verboten, Klöster und Kirchen werden zerstört, ihre Reichtümer und Ländereien konfisziert.

**826–961** Arabische Besetzung Kretas. Die Zerstörung frühchristlicher Kunst und Architektur wird von den Arabern fortgesetzt. Iráklion wird zur Festung ausgebaut und erhält den Namen Rabd el Kandak („Festungsgraben").

**Ab 961** Durch den Sieg des Nikiphóros Phokás gehört Kreta wieder zu Byzanz. Ein ökonomischer Aufschwung setzt ein, viele Kirchen und Klöster werden gestiftet.

## GESCHICHTE IM ÜBERBLICK

### Venezianische Herrschaft (1204–1669)

**1204** Kreuzfahrer des Vierten Kreuzzuges erobern das christlich-orthodoxe Kaiserreich Byzanz. Die byzantinischen Gebiete auf griechischem Boden werden an katholische Feudalherren verteilt. Kreta kommt zu Venedig, das im östlichen Mittelmeer den Levantehandel kontrolliert. Zahlreiche Aufstände der kretischen Grundbesitzer erschüttern die venezianische Herrschaft.

**1453** Nach der Eroberung Konstantinopels durch die Türken fliehen griechische Intellektuelle und Künstler nach Kreta („kretische Renaissance").

Für die Venezianer sind das 16. und 17. Jh. eine Zeit des Niedergangs. Das Osmanische Reich blockiert den Handel mit dem Fernen Osten. Die neuen Seemächte Portugal und Spanien entdecken neue Handelswege und Handelsmöglichkeiten in Übersee. Der Levantehandel verliert an Bedeutung.

### Türkische Herrschaft (1645–1898)

**1645** erobern die Türken Chaniá, 1669 nach 21jähriger Belagerung Cándia (Iráklion). Sie verteilen das Land der venezianischen Grundbesitzer an die Kreter und siedeln Türken an.

**1770/71** Während des Russisch-Türkischen Krieges 1768–1774 kommt es in mehreren griechischen Landschaften zu Aufständen gegen die türkische Herrschaft. Auf Kreta geht der Aufstand von der Sfakiá aus. Nach seinem Scheitern wird dem Führer der Sfakioten, dem Kaufmann Daskalojánnis („Lehrer Johann"), bei lebendigem Leibe die Haut abgezogen.

Die Aufstände setzten sich im 19. Jh. fort, zumal große Teile Griechenlands durch den Unabhängigkeitskampf 1821–1829 befreit worden waren.

*In Knossós steht dieses Vorratsgefäß (Pithos), ein prachtvolles Beispiel minoischer Keramikkunst.*

*Ein Blickfang sind die stattlichen Ruinen des römischen Amphitheaters von Górtis.*

*Zeusstatue aus Górtis, wo sich der Göttervater mit der Europa vereinigt haben soll (s. S. 58).*

## Geschichte im Überblick

**1896/97** Kreta wird mit Hilfe der europäischen Großmächte befreit. Es erhält einen Status der Unabhängigkeit unter einem von den Großmächten bestellten Hochkommissar.

### Modernes Kreta (seit 1898)

**1898** Prinz Georg, zweiter Sohn des griechischen Monarchen Georg I., wird Hochkommissar von Kreta (bis 1906). Der kretische Rechtsanwalt Eleftherios Venizélos wird Führer eines kretischen Bündnisses, das die Vereinigung mit Griechenland anstrebt.

**1913** Im Ergebnis der Balkankriege gegen die Türkei werden Makedonien und Kreta mit Griechenland vereinigt. Venizélos, inzwischen Vorsitzender der liberalen, antiroyalistischen Partei der „Venizelisten", ist Ministerpräsident und bleibt es bis 1920 und später mit Unterbrechungen von 1924 bis 1936.

**1919–1923** Die Expansionspolitik gegen die Türkei wird fortgesetzt. Ein griechischer Angriff (seit 1919) führt zur totalen Niederlage. Griechenland verliert die von ihm besiedelten kleinasiatischen Gebiete. Auf der Konferenz von Lausanne 1923 wird vereinbart, alle Türken aus Griechenland und alle Griechen aus der Türkei zu entfernen. 22 000 Türken verlassen Kreta. 34 000 Griechen siedeln sich dort an.

**1936** „Monarcho-faschistische" Diktatur in Griechenland unter General Metaxás.

**1940** Griechenland schlägt den Angriff Italiens zurück und schließt sich den Alliierten an.

**Mai 1941** Schlacht um Kreta. Deutsche Fallschirmjäger erobern die Insel.

**1941–1945** Deutsche Besatzung Kretas. Der kretische Widerstand leistet den Deutschen erbitterten Widerstand.

**1946–1949** Der griechische Bürgerkrieg, ein kommunistischer Widerstand gegen die Re-Etablierung der konstitutionellen Monarchie, wird auch auf Kreta geführt. Die USA geben seit der Truman-Doktrin von 1947 Militärhilfe an Griechenland. Die Kommunisten werden 1948 in der Samariá-Schlucht vernichtend geschlagen. Griechenland ist wieder konstitutionelle Monarchie.

**1967–1974** Militärdiktatur. Durch einen Putsch kommt Oberst Papadópoulos an die Macht.

**1974–1981** In Griechenland regiert die konservative Néa Dimokratía. Griechenland wird 1981 EG-Mitglied.

**1981** Wahlsieg der sozialistischen PASOK. Andréas Papandréou wird Ministerpräsident.

**1990–1993** Regierung der Néa Dimokratía. Ministerpräsident ist Konstantínos Mitsotákis.

**1993** Sieg der PASOK. Papandréou wird wieder Ministerpräsident.

*Aus der venezianischen Epoche Kretas stammt die Zitadelle von Réthimnon.*

# Kultur gestern und heute

## Minoische Kunst

**Architektur: Paläste, Stadt- und Landhäuser, Straßen, Brücken und Kanalisation**

Die minoische Kultur war auch in technischer Hinsicht eine hochentwickelte Zivilisation. Die Paläste und die sie umgebenden Städte waren durch ein Straßennetz miteinander verbunden. Neben den Palaststädten waren in dieses Straßennetz auch kleinere Ortschaften, Fischer- und Bauerndörfer wie Gourniá oder Palékastro in Ostkreta, außerdem Heiligtümer und Villen auf dem Lande wie Tilissos oder Vathípetro in Mittelkreta integriert.

Allen diesen Bauten gemeinsam ist die wabenartige Grundkonstruktion: kleine, ineinander verschachtelte Räume, vor- und zurückspringende Fronten, verwinkelte Gänge und Lichtschächte. In Knossós gab es ein raffiniertes Kanalisationssystem mit drei verschiedenen Leitungen: einer für Quellwasser, einer für Regenwasser, einer dritten für Schmutzwasser und Fäkalien. Kein Wunder, daß die späteren Griechen diese Architektur, die ja ihrer eigenen, symmetrischen ganz entgegengesetzt war, "labyrinthisch" nannten.

Die Mauern der Häuser und der Paläste waren aus luftgetrocknetem Lehm gebaut und mit Holzfachwerk verstärkt. Unten und an den Ecken lagen Quadersteine aus Kalkstein. Innen waren die Mauern mit einem Putz aus Strohgehäcksel und Lehm oder mit Alabasterplatten verkleidet. Der Putz war manchmal in Freskotechnik bemalt.

Allen Palästen sind folgende Bauteile gemeinsam: ein Zentral- und ein Westhof, auf denen rituelle und sportliche Versammlungen stattfanden, zum Beispiel das berühmte Stiersprungritual, oder kollektive Gebete, wie sie auf Abbildungen zu sehen sind. Auf leicht erhöhten Prozessionswegen bewegten sich Männer und Frauen in Reih und Glied und brachten Opfer dar. Eingetiefte Lustralbäder für kultische Reinigungen ("Katharsis") finden wir in allen Palästen ebenso wie das Polythyron, eine Front aus Pfeilern und Türen, die man wie in einem Wintergarten je nach gewünschtem Raumklima öffnen und schließen konnte.

**Keramik:**
**Kamáres-, Flora- und Meeresstil**

Die Gattung der Kamáresvasen stammt aus der Älteren Palastzeit und ist benannt nach ihrem Hauptfundort, der Kamáreshöhle an der Südseite des Ída-Massivs. Kennzeichnend für sie ist die polychrome Bemalung auf dunklem Grund, Motive der Natur sind mit bloßen Ornamenten wie Spirale, Wellenband oder Rosette zu einer harmonischen Einheit verbunden.

In die Jüngere Palastzeit gehören der Florastil und der Meeresstil. Vasen des Florastils sind vollständig mit Blättern und anderen pflanzlichen Motiven bedeckt, Gefäße des Meeresstils bilden Oktopus, Nautilus und sogar Korallen ab. Die Gefäße wurden als Grabbeigaben, als Weihgeschenke in Heiligtümern oder in den Palästen als "Palastgeschirr" gefunden.

**Malerei: Der "kretische Naturalismus" und die repräsentativen Kultbilder**

Abgebildet sind Motive aus der Natur, zum Beispiel Lilien, Affen und Rebhühner in einer Phantasielandschaft. Es handelt sich um eine reine Flächenmalerei; Raumtiefe wird wiedergegeben, indem an allen vier Seiten des Bildes Landschaftselemente dargestellt sind, die auf die Mitte weisen.

Ebenso häufig finden sich repräsentative Prozessions- und Kultbilder. Eine Reihe minoischer Frauen mit weißer

## KULTUR GESTERN UND HEUTE

und Männer mit roter Hautfarbe bringen ein Opfer dar. Sie tragen Rhyta in der Hand, Spendegefäße mit einem Loch im Boden, das mit der Hand bis zur Darbringung des Spendeopfers abgedeckt wurde. Auf anderen Bildern sitzen oder stehen Gruppen von barbusigen, prächtig gekleideten Frauen beisammen.

## Venezianischer Festungsbau

Für die venezianischen Besatzer Kretas stand der Hauptfeind im Osten. Das Abendland wurde wieder einmal von Ungläubigen bedroht. Im 16. Jh. glich das Mittelmeer einem *mare turcicum*. Die türkischen Heere standen 1529 sogar vor Wien. 1522 war der Ritterstaat der Johanniter von Rhodos gefallen, 1571 war Zypern in der Hand des Feindes. Der Sieg der christlichen Truppen im selben Jahr bei Lepanto am Ausgang des Korinthischen Golfes konnte das Blatt nicht wenden. Kreta war in jenen Jahren eine der letzten christlichen Bastionen im östlichen Mittelmeerraum. Die Türken besaßen das modernste Kriegsgerät der Zeit, Kanonen mit durchschlagender Wirkung, denen 1453 zum ersten Mal in der Weltgeschichte eine bis dahin als uneinnehmbar geltende Festung zum Opfer gefallen war: die Mauern von Konstantinopel, Hauptstadt des Byzantinischen Reiches. (Literaturtip: Stefan Zweig hat diese Belagerung in den „Sternstunden der Menschheit" thematisiert.)

Mittelalterliche Festungen mit Pechnasen, Hängebrücken und Zinnen waren nicht mehr auf der Höhe der Zeit. So wurden unter der Leitung italienischer Stararchitekten wie Michele Sanmicheli (1484–1559) die Festungen um die kretischen Städte Iráklion, Réthimnon und Chaniá und die Inselfestungen Gramvoúsa, Soúda und Spinalónga modernisiert.

*Der Palast von Agía Triáda, auch er wie der von Knossós eine Ausgrabung aus minoischer Zeit.*

*Aus dem minoischen Palast von Knossós: drei vornehme Damen.*

*Venezianische Festungsmauern auf der Felseninsel Spinalónga.*

## KULTUR GESTERN UND HEUTE

Die Mauern dieser modernen Festungen waren abgeschrägt, um die Wucht der aufschlagenden Kanonenkugeln zu mildern. Ein Glacis (Vorfeld) und ein Wassergraben sollten die Feinde zusätzlich abschrecken.

Blattförmige Bastionen waren den Mauern vorgelagert, damit man die einzelnen Mauerabschnitte besser kontrollieren konnte. Bisweilen war, wie in Réthimnon, in die Stadtbefestigung noch eine extra stark gebaute Zitadelle integriert.

Für die italienischen Renaissance-Architekten und ihre Auftraggeber war eine Festung nicht nur ein reiner Zweckbau, sondern auch ein ästhetisches Objekt, das die Überlegenheit städtisch-bürgerlicher Zivilisation ausdrücken sollte.

Die sternförmigen, streng geregelten Grundrisse der Festungen gehen auf Überlegungen zurück, die das Renaissance-Universalgenie Alberti (1404 bis 1472) angestellt hatte: Ein Idealstaat solle auch eine ideale Ummauerung haben.

## Byzantinische Kunst

Die schönsten Beispiele byzantinischer Kunst findet man auf Kreta in der Panagía Kerá bei Kritsá, in der Kirche gleichen Namens an der Zufahrt von Iráklion zur Lassíthi-Ebene, in den Klöstern Goniá, Valsamónero und Toploú und im Ikonenmuseum in der Katharinenkirche zu Iráklion.

Alle diese Beispiele stammen aus dem venezianisch beherrschten Kreta. Kein Wunder also, daß die kretischen Werke von den Kunstauffassungen der Venezianer beeinflußt sind. Je nach Stärke dieses Einflusses unterscheidet man z. B. eine traditionelle Malweise, die sich an den orthodoxen („rechtgläubigen") Form- und Inhaltskanon anlehnt, von einer „verwestlichten", die italienische Inhalte und Formen rezipiert, z. B. den Naturalismus, die Raumtiefe und die Perspektive. Diese verwestlichte Kunst bezeichnet man als „kretische Schule". Ihr bedeutendster Vertreter war Michális Damaskinós, der Lehrer El Grecos; sechs seiner Werke befinden sich im Ikonenmuseum in Iráklion.

### Aléxis Sorbás und der Sirtáki

Der Film „Aléxis Sorbás" hat Kazantzákis und seinen Roman international berühmt gemacht: Ein „Tintenkleckser", der lieber ein Buch über die Liebe liest als sich zu verlieben, schließt Freundschaft mit einem Genußmenschen, der nicht lesen und schreiben, dafür aber tanzen und Frauen verführen kann. Gemeinsam beuten sie als Männer der Tat ein Bergwerk auf Kreta aus, beide knüpfen sie delikate Beziehungen zu Frauen an.

Michális Cacoyánnis, ein Hollywoodregisseur zypriotischer Herkunft, hat 1964 den Film gedreht. In den Hauptrollen glänzen Anthony Quinn als Sorbás, Alan Bates als Tintenkleckser und Iríni Papás als attraktive Witwe. Der berühmte „Sirtáki", den Anthony Quinn tanzte, ist jedoch gar kein kretischer Tanz! Weil der amerikanische Schauspieler die komplizierten originalen Tänze so schnell nicht lernen konnte, komponierte Míkis Theodorákis im Auftrag des Regisseurs eine einfache Filmmusik, eben den Ohrwurm Sirtáki.

Touristen, die den Film gesehen hatten, kamen bald scharenweise nach Kreta und fragten nach einem Tanz, den es gar nicht gab! Hotel- und Musikindustriemanager stellten sich jedoch schnell auf ihre Wünsche ein. Heute wird auf den „kretischen Abenden" eifrig Sirtáki getanzt, und Kassetten mit der eingängigen Musik sind überall zu haben.

## KULTUR GESTERN UND HEUTE

Die Kirchen sind in der Regel nach dem orthodoxen Bildprogramm ausgemalt, das sich klar in eine vertikale und eine horizontale Hierarchie gliedern läßt.

**Vertikale Hierarchie**: In der Kuppel oder, falls keine vorhanden, im Gewölbe blickt Jesus als Pantokrator („Allbeherrscher") streng auf die Gläubigen herunter. Die orthodoxe Kirche betont innerhalb der Zwei-Naturen-Lehre die Gottnatur Jesu, seine Mutter Maria gilt als Theotókos („Gottesgebärerin"). Im Tambour der Kuppel folgen dann in der nächsten Zone die Propheten und die Erzengel mit Speeren in der Hand. Letztere, die „himmlischen Heerscharen", stehen gleichsam als Militär an der Seite des Herrschers Jesus, dieser wiederum kann sozialgeschichtlich als himmlischer Vertreter des byzantinischen Kaisers interpretiert werden – genauso, wie sich der Kaiser selbst als Vicarius, als Stellvertreter Gottes auf Erden, verehren ließ.

*Wer kennt nicht den Filmklassiker „Aléxis Sorbás"?*

In der Hierarchie folgen dann die vier Evangelisten Markus, Matthäus, Lukas und Johannes in den Sphärischen Dreiecken, die den Übergang vom Rund der Kuppel zur Vierung des Kirchenschiffs bilden, und dann, im Gewölbe oder an den Wänden, die Szenen der Passion Jesu – angefangen mit der Verkündigung an der Südseite der Kirche neben der Ikonostase, endend mit dem Marientod gegenüber an der Nordseite. (Orthodoxe Kirchen haben den Altarraum übrigens stets im Osten.)

*Die Kuppel der orthodoxen Mináskathedrale von Iráklion.*

Diesen Passionszyklus nennt man Zwölf-Feste-Zyklus, weil er sich an den Kirchenfesten eines Jahres orientiert.

In der untersten Zone der vertikalen Hierarchie bilden Heilige, Asketen wie der hl. Antonius, Wunderheiler wie die hl. Paraskeví, Märtyrer wie der hl. Georg. Alle sind frontal dargestellt und blicken den Betrachter streng an.

*Im Innern der Kirche des Klosters Toploú.*

## KULTUR GESTERN UND HEUTE

### Festekalender

**40 Tage vor Ostern:** Karneval (besonders ausgelassen in Réthimnon).

**Osterwoche.** Trauriger Höhepunkt der Osterwoche ist die Epitáphios-Prozession am Karfreitag, fröhlicher Höhepunkt am Samstag um Mitternacht: Der Priester ruft „Christós anésti" („Christus ist auferstanden") und reicht eine Kerze aus dem Altarraum. An ihr zünden die Umstehenden ihre mitgebrachten Kerzen an und reichen das Licht weiter an alle anderen. Vor der Kirche wird ein Holzstoß angezündet, auf dem symbolisch Judas verbrannt wird. Mit der Kerze in der Hand gehen alle nach Hause. Weit nach Mitternacht wird die Lamminnereien-Suppe „Margiritsa" verzehrt. Am Ostersonntag drehen sich überall Lammspieße über dem Holzkohlenfeuer. Orthodoxe Ostertermine: 23. April 1995, 14. April 1996, 27. April 1997, 19. April 1998, 11. April 1999.

**März**

25. 3.: Nationalfeiertag und Mariä Verkündigung. Militärparaden und Schulkinder-Umzüge.

**April**

23. 4. Panigíria zu Ehren des hl. Georg bei den Georgskirchen. (Fällt dieser Tag in die Fastenzeit, wird er am Ostermontag gefeiert.)

**Mai**

1. 5.: Der Tag der Arbeit wird auch als Frühlingsfest gefeiert. Blumenkränze hängen an den Haustüren, es wird im Freien gegrillt.
20.–27. 5.: In Chaniá Woche der „Schlacht um Kreta" von 1941.

**Juni**

24. 6. In vielen Dörfern Sonnenwendfeiern, zu denen junge Männer über Holzfeuer springen. Gleichzeitig Tag der Geburt Johannes des Täufers.

**Juli**

27. 7. Wassermelonenfest in Chersónissos.
Im Juli und August finden auch Weinfeste in Réthimnon, Iráklion und Dáfnes statt, ferner Konzerte, Schauspielabende in Iráklion; „Kretische Abende" in Gavalochóri östlich Chaniás; Renaissance-Festival in Réthimnon; Lató-Festival in Ágios Nikólaos; Kulturfestival „Kornaria" in Sitía.

**August**

5.–6. 8.: Prozession von Archánes auf den Joúchtas (Verklärung Christi).
10.–15. 8.: Lyra-Musik-Festival in Anógia.
15. 8. In vielen Dörfern, Städten, Marienkirchen und -klöstern wird Mariä Entschlafung mit Lyra-Musik und Tanz gefeiert, besonders schön am Kloster Chrisoskalítisa in Westkreta.
Festival d. politischen Liedes in Vámos. Zweite Augusthälfte: dreitägiges Folklorefestival in Kritsá.
25. 8.: Große Prozession in Iráklion und in Górtis zu Ehren des hl. Titus, des Schutzheiligen Kretas.

**September**

Anfang Sept.: Tag der Fischer von Réthimnon.
14. 9.: Kreuzaufstellung auf dem Tímios Stavrós (= Psilorítis) im Ída-Gebirge. Traubenfest auf der Thriptí-Alm.

**Oktober**

28. 10.: Nationalfeiertag, Óchi-(„Nein"-)Tag. Am 28. 10. 1940 widersetzte sich Griechenland dem italienischen Ultimatum zur Kapitulation.

**November**

7.–9. 11.: Feierlichkeiten am Kloster Arkádi und in Réthimnon zu Ehren des Aufstands von 1866.
11. 11.: Fest des hl. Minás, des Schutzheiligen von Iráklion.

## KULTUR GESTERN UND HEUTE

**Horizontale Hierarchie**: Wichtigster Teil der Kirche ist der Altarraum mit der Apsis, in der oben Maria und darunter die vier kanonischen Kirchenväter der Orthodoxie dargestellt sind: Johannes Chrysostomos („Goldmund", wegen seiner großen Rhetorik), Gregor von Nazianz, Basilius der Große und Athanasius. Es folgt die Ikonostase, die Bilderwand, der Gemeinderaum und zuletzt Ausgang und Vorraum der Kirche, der Narthex. Über dem Ausgang oder im Narthex ist oft das Jüngste Gericht mit den Höllenqualen oder dem Paradies zu sehen. Es sollte die Gläubigen vor dem Verlassen der Kirche mahnen, was geschehen könnte, wenn sie sich den Lehren und Forderungen von Staat und Kirche widersetzen.

*Die Klosterfestung Toploú liegt im „wilden Osten" Kretas.*

## Moderne kretische Kultur

### Volksdichtung: Mantinádes und Rizitika, Musik und Tanz

Mantinádes und Rizitika sind komponiert aus rhythmischen Reimpaaren, die zum Streichinstrument Lyra und zum Zupfinstrument Laoúto gesungen werden. Die Lieder handeln von Liebe und Schmerz, von Krieg und den Sorgen des Alltags. Gesungen werden sie bei Taufen und Hochzeiten, bei den Heiligenfesten – oder einfach so, nach einem gelungenen Essen im Kreis der *Parea*. In Hochzeitsliedern wird der Mann gerne als Adler dargestellt – das höchste Kompliment, welches das patriarchalische Kreta zu vergeben hat. Der Adler ist kühn, stark und tapfer, er übt von hoch oben die Kontrolle aus. Die Braut dagegen ist ein Rebhuhn, klein und hübsch anzusehen, aber nicht sehr beweglich – Rebhühner können bekanntlich nur wenige hundert Meter in einem Zuge fliegen.

*Kloster Arkádi, Symbol für den Freiheitskampf der Kreter.*

Haben die Teilnehmer eines Festes ihr Abendessen beendet – meist erst gegen 23 Uhr – und sind Lyra und Laoúto in Fahrt gekommen, wird getanzt. Kretische Tänze sind keine Paartänze, sondern Männer wie Frauen fassen sich im offenen oder geschlossenen Reigen zu

*Zu den populärsten Musikinstrumenten gehört die Bousoúki.*

mehreren an den Schultern oder an den Händen. Vor allem drei Tänze sind zu sehen: der Pentozális, der Chaniótikos und die Soústa. Am mitreißendsten ist die schnelle Soústa; bei ihr scheint sich nur der Unterkörper der Tanzenden zu bewegen, die Schultern bilden eine gerade Linie. Wo kann man das alles erleben? Wenn man nicht das Glück hat, privat eingeladen zu sein, gibt es zwei Möglichkeiten. Man besucht entweder ein Heiligenfest (s. Festekalender) oder (freitags bzw. samstags) eines der „kritiká kentra", der großen Musiklokale, von denen es in den großen Städten mehrere gibt und in denen fast nur Kreter verkehren.

### Literatur

Der im Ausland bekannteste Schriftsteller Griechenlands ist der Kreter Níkos Kazantzákis (1883–1957). Als Kind erlebt er die Aufstände gegen die türkische Herrschaft, sein Vater war ein aktiver Kämpfer. Erfahrungen im Freiheitskrieg und religiöses Erleben prägen Kazantzákis und werden die Hauptthemen seiner späteren Bücher. Schon als Jugendlicher wird er sich der Beschränktheit seiner Religion, der Orthodoxie, bewußt. Er studiert den Buddhismus und das katholische Christentum. Franz von Assisi, der auf Geld und Gut verzichtete und sein Leben den Armen widmete, wird sein Vorbild, ebenso El Greco, der über die Grenzen Kretas hinausstrebte, ohne jemals seine Herkunft zu verleugnen. Als Männer der Tat verehrte er Lenin und den Wanderarbeiter Aléxis Sorbás. Die Hauptwerke von Kazantzákis sind „Aléxis Sorbás" (1946), „Freiheit oder Tod" (1953) und „Rechenschaft vor El Greco", letzteres eine Autobiographie, geschrieben kurz vor seinem Tod 1957.

Ein anderer Repräsentant der kretischen Literatur ist Pandelís Prevelákis, ein Zeitgenosse Kazantzákis'. Seine Bücher handeln von den Türkenkriegen und der Tapferkeit der Kreter. Die wichtigsten sind ins Deutsche übersetzt.

# Essen und Trinken

## Griechische Küche und kretische Besonderheiten

Die griechische Küche ist rustikal und volkstümlich. Man unterscheidet zwischen der Garküche (Gerichte aus der Kasserolle, die als Fertiggerichte gleich serviert werden können) und der Zubereitungsweise „frisch auf Bestellung" (tis oras), wo es etwas länger dauert. Entsprechend gibt es zwei Arten von Restaurants: Das Estiatórion serviert Speisen von der Warmhalteplatte, die Taverne frisch gegrilltes oder gebratenes Fleisch. Eine Variante der Taverne ist die Psárotaverna, die Fischtaverne, eine Variante des Estiatórions das Magirion („Kocherei", frei übersetzt: Mittagstisch).

Frischen Fisch verstehen die Griechen ausgezeichnet zuzubereiten. Man ißt ihn – gewöhnlich gegrillt und mit viel Zitronensaft beträufelt – am besten in den Tavernen in den Hafenorten; dort kann man sicher sein, daß die Fische auch wirklich frisch sind. Allerdings ist Fisch, den man sich immer selbst aussucht und der nach Gewicht berechnet wird, sehr teuer, denn die Ägäis ist so gut wie leergefischt.

Ins Estiatórion geht man „nur zum Essen", in die Taverne dagegen abends zum Vergnügen. So jedenfalls die traditionellen Unterschiede; heute verwischen sich die Gattungen, und es sind noch andere Restaurantarten hinzugekommen: die Pizzeria, die Snackbar, auch (wenngleich noch wenige) ausländische – französische, chinesische, deutsche – Restaurants und schließlich solche mit Vollwertküche.

Neben den Eßlokalen gibt es die Ouzerí, in der man Rakí oder Oúzo trinkt und

## ESSEN UND TRINKEN

dazu Mezédes (Appetithappen) ißt. Verschiedene Mezédes auf einem Teller nennt man Pikilía („bunte Platte").

In der Zubereitung von Vorspeisen sind die Griechen sehr einfallsreich. Die Auswahl an kleinen Gerichten ist so vielfältig, daß sie leicht eine Hauptmahlzeit ersetzen können: Sehr beliebt sind Táramasaláta (zartrosa Kaviarmus), Melitsánosaláta (Auberginensalat), Tsatsíki (Joghurt mit frischer Gurke, etwas Zitronensaft und Knoblauch), gebackene Auberginen- oder Zucchinischeiben, Tirósaláta (eine Käsepastete), Skordaliá (ein Knoblauch-Kartoffelpüree) und Kalamarákia (Tintenfischringe, in Mehl mit Eigelb paniert und gebraten). Allgegenwärtig ist der griechische Bauernsalat (Choriatikí) aus Tomate, Gurke, rote Zwiebeln und Féta- (Schafskäse-) Stückchen. Als Dessert ißt man gewöhnlich Obst der Saison. Kaffee und Süßes gibt es traditionell nicht in den Restaurants. Man wechselt das Lokal: Im Zacharoplastíon gibt es Kaffee und sehr süße Kuchen, im Galaktopolíon Milchprodukte, im Kafeníon nur Kaffee und andere Getränke, aber nichts zu essen. Wenn Sie nicht explizit griechischen Kaffee bestellen, wird man Ihnen normalerweise Nescafé servieren. Im Sommer, kalt aufgeschäumt als Frappé, ist er zwar sehr erfrischend, stilechter ist jedoch der starke und süße griechische Kaffee.

Bestellt man Tee (Tsai), so wird einem gewöhnlich ein Teebeutel in (mehr oder minder) heißem Wasser serviert.

Grundsätzlich ißt man auf Kreta nicht anders als im übrigen Griechenland. Zwar hat jede Landschaft ihre Besonderheiten, doch sie ergänzen den gesamtgriechischen Speiseplan nur am Rande.

Was steuert nun Kreta an Besonderheiten bei? Da sind zunächst die verschiedenen Käsesorten. Der weiche Quarkkäse Anthótiro schmeckt etwas salziger als die Mizíthra, aber nicht so salzig wie die Féta. Bröcklig und hart ist dagegen der Kefalotíri. Beide Sorten –

*Eine köstliche Erfrischung, vor allem an heißen Tagen.*

*Rar geworden – auch auf Kreta.*

*Hochzeitskringel kann man nicht nur auf Hochzeiten probieren.*

## ESSEN UND TRINKEN

hochwertige Produkte in Bioqualität, die ihren Preis haben – werden von den Schaf- und Ziegenzüchtern in den Bergen Kretas hergestellt. Zum Anthótiro oder Kefalotíri essen die Bauern in abgelegenen Gebieten, wo der nächste Bäcker weit ist, Paximádi, ein schrothaltiges getrocknetes Brot (Zwieback), das vor dem Verzehr in Wasser eingeweicht werden muß.

Eine kretische Spezialität sind die kleinen, wohlschmeckenden Bananen, die bei Arví und Zákro angebaut werden und teurer als ihre großen gelben Konkurrenten aus Mittelamerika sind.

Unter den nichtalkoholischen Getränken zählen die Bergtees zu den kretischen Spezialitäten. Malotíra und Díktamus lindern alle möglichen Schmerzen. Malotíra ist ein venezianisches Wort, in dem male und tirare stecken, also: „der die Übel herauszieht". Díktamus (Diptam) dient zusätzlich als Aphrodisiakum.

Der kretische „Nationalschnaps" ist der Rakí, ein nichtaromatisierter Traubenschnaps (Tresterschnaps). Er gilt in den Dörfern auch als bewährtes Allzweckheilmittel. Gern wird er zur Begrüßung auf den Tisch gestellt. Selbst ärmste kretische Dorffamilien haben Rakí im Hause. In „vornehmen" Hotelbars oder in den Touristenorten findet man ihn jedoch nicht. Er wird nur für den Hausgebrauch hergestellt – die meisten Kreter brennen sich ihren Rakí selbst.

Ähnliches gilt für die rötlichen Landweine Kretas, die in jedem Dorf anders schmecken. Sie werden als Faßweine nur von Wirten ausgeschenkt, die die Tradition aufrecht erhalten. Die Verdienstspanne ist bei den Flaschenweinen größer. Man frage in den Dorftavernen nach „chíma" oder nach „krassí apó to varéli". „Der Wein war das erste, was ich von Kreta am Leibe erfuhr ... Dick und dunkelrot fiel er ins Glas. Wir tranken auf Kreta. Der Wein sprang mich an wie ein Tier. Er war eine Lohe, heißblütig und stark, gebändigtes Feuer, und fast etwas Drohendes war in ihm." So Erhart Kästner (Kreta, Insel-TB, S. 96).

### Wegweiser zum guten Restaurant

Griechische Restaurants sind amtlich in Kategorien eingeteilt. Von Luxusklasse mit sauberen Tischdecken, Butterbeilage, Kerzenschein und vielleicht Fischernetzen an den Decken bis zum einfachen Lokal, wo man sich unter grellem Neonlicht auf abwischbaren Plastiktüchern ißt. Allerdings sagt die Kategorie nichts über die Qualität des Essens aus, sondern nur über die Ausstattung des Lokals.

Daß mit Touristen „die schnelle Drachme" zu machen ist, diese Erfahrung haben griechische Gastwirte auch schon gemacht. Beschwerden von Touristen über „viel zuviel Olivenöl" kommen sparsamen Wirten gerade recht. Dann wird das kostbare Olivenöl eben mit billigem Sonnenblumenöl aus der EU-Überproduktion verdünnt oder ganz weggelassen. Touristen meckern nicht über Tiefkühlkost, Erbsen aus der Konservenbüchse oder über vorgeschälte Pommes frites aus der Fabrik, weil sie es aus ihrer Heimat nicht anders kennen. Doch darüber rümpft der Grieche die Nase.

Wenn Sie also in einem Restaurant sitzen, das auch im Winter geöffnet ist (und dann auf griechische Kundschaft angewiesen ist), wenn das Brot frisch ist, wenn der Bauernsalat für zwei Personen reicht und Sie das reine Olivenöl herausschmecken, wenn nicht Reis und Kartoffeln als Kombibeilage neben dem Souvláki liegen und wenn es sogar offenen Wein gibt, dann sitzen Sie bestimmt im richtigen Lokal!

# Urlaub aktiv auf Kreta

## Wandern, Bergsteigen

Die detailliertesten Wanderkarten sind im Harms-Verlag erschienen: fünf Einzelblätter im Maßstab 1 : 50 000. Ganze Routen sind ausführlich beschrieben in G. Hirner/J. Murböck, „Wandern auf Kreta", München 1987 (auch auf Kreta erhältlich). Alte Maultierpfade, das ehemalige Verkehrsnetz, das sich über die ganze Insel zieht, bieten sich zum Wandern an. Organisierte Möglichkeiten offerieren zahlreiche deutsche Reiseveranstalter und auf Kreta das kretische Mountain Climbing Bureau mit Zweigstellen in Réthimnon (A. Sikelianou 10, ☎ 0831-21355) und Chaniá (K. Dimitriou, an der Platía Venizélou am Hafen, ☎ 0831-44946) oder – mit kretischen Wanderern zusammen, nichtkommerziell, etwa einmal die Woche, auf Anfrage – der Griechische Bergsteigerverband EOS. Kontaktaufnahme (abends): Iráklion: ☎ 081-22710, Chaniá: ☎ 0821-24647.

Neben der berühmten Samariá-Schlucht bieten sich auch die Ímbros- und die Roúvas-Schlucht für Wanderungen an.

Das unerschlossenste, wildeste Wandergebiet sind die Weißen Berge (Lefká Óri), deren höchste Erhebung mit 2452 Metern der Páchnes ist. Für den Wanderer, der sich nicht auskennt, können sie jedoch gefährlich werden. Keine Karte zeigt hinreichend genau die unmarkierten Maultierpfade, die von den Dörfern am Fuße der Berge zu den Käsereien der Hirten auf den Hochebenen führen. Zusätzliche Schwierigkeit bereitet, daß die zahlreichen kegelförmigen Gipfel des Massivs „alle gleich aussehen". Wasser findet man nur in den Zisternen der Hirten. Bis in den Juni hinein sind die Berge mit Schnee bedeckt.

Übersichtlicher und damit ungefährlicher ist das Ída-Massiv (Óros Ídi), mit dem höchsten Berg Kretas, dem Psilorítis (2456 m). Ihn zu besteigen, kann man an einem Tag schaffen. Eine leichtere Wanderroute zweigt von der Schotterstraße Anógia-Nida-Ebene links ab und führt nach etwa drei Stunden zum Eingang der Roúvas-Schlucht. Nach weiteren zwei Stunden gelangt man zum Erholungspark Zarós, mit einer Gartentaverne an einem künstlich angelegten See.

## Wassersport

Vor allem aber ist Kreta ein Paradies für den Wassersport. Surfen, tauchen, Wasserski fahren, Fallschirm fliegen kann man in allen Touristikzentren und an vielen Stränden. Die kretischen Gewässer gelten als die saubersten Griechenlands. Ausgewählte Adressen für Wassersportzentren: Deutsche Surf-Schule in Pláka bei Eloúnda mit neuestem Gerät; Tauchen mit The Divers in Plakiás; Barrakuda-Club und Kreta-Wassersport-Zentrum in Agéia Pelagía. Overschmidt International in den Grecotels in Goúves und bei Réthimnon (im Hotel „Rethimna Beach").

## Fahrradtouren, Mountainbike

Beste Möglichkeiten, allerdings mit viel Auf und Ab, bieten sich auf kaum befahrenen Nebenstraßen und nicht asphaltierten Feldwegen. Organisierte Touren kann man beim kretischen Mountain Climbing Bureau (s. o.) und bei dem deutschen Veranstalter Hellas Bike Travel mit Sitz im Hotel „Réthimna Beach" buchen. In den Küstenorten werden Fahrräder vermietet.

## Tennis

Etwa 50 kretische Hotels unterhalten Tennisplätze und Hartplätze.

# Unterkunft

## Hotels und Privatzimmer

Die Hotels sind in sechs Kategorien eingeteilt: Luxus, A, B, C, D und E.

Die Preise müssen behördlich genehmigt werden und hängen in der Regel im Zimmer aus. Sie betragen pro Doppelzimmer ohne Frühstück in der Hochsaison (1994) zwischen 20 DM (E-Klasse) und 300 DM (teuerstes Luxushotel inkl. Halbpension). Die Preise in der Nebensaison sind je nach Aufwand und Nachfrage niedriger. Wir fassen die Hotels im folgenden in drei Klassen zusammen: Luxus und A ($$$), B und C ($$), D und E ($).

Das Niveau der Privatzimmer reicht von B-Klasse bis zur Kammer. Je nach Qualität und Saison zahlt man 20–40 DM pro Doppelzimmer. Die Zimmervermieter warten oft an Busbahnhöfen oder am Hafen auf Gäste. Gefällt das Zimmer nicht, so bleibt man eben nur eine Nacht und sucht sich am nächsten Tag eine bessere Bleibe.

## Camping

Es gibt auf Kreta ca. 20 Campingplätze (Adressen beim Fremdenverkehrsamt). Schattige Stellplätze und gepflegte Sanitäranlagen sind rar, so daß nur eingefleischte Camper an dieser Urlaubsform Gefallen finden dürften.

## Jugendherbergen

Sie sind keine echte Alternative, da sie preislich nicht unter der Billigpension mit Mehrbettzimmern liegen.

Empfehlenswert ist allein die Herberge in Mirthios bei Plakiás.

*Für Wassersport aller Art sind die vielen kretischen Strände wie geschaffen.*

*Auch Paragliding ist auf Kreta möglich – wer's mag.*

*An Hotels aller Kategorien besteht auf der Insel kein Mangel.*

# Reisewege und Verkehrsmittel

## Nach Kreta

### Flugzeug

Von März/April bis Ende Oktober sind Charter-Direktflüge die bequemste und preswerteste Anreisemöglichkeit. Von den Linienfluggesellschaften fliegt nur Lufthansa (Sa und So, nur im Sommer) direkt nach Kreta. Flughäfen haben Chaniá, Iráklion und Sitía (nur nationale Flüge).

### Schiff

Autofähren verkehren ab Ancona, Bari, Brindisi, Otranto und Venedig nach Pátras. Von dort fährt man mit Bahn, Bus oder Auto nach Piräus, von wo aus jeden Abend zwischen 18 und 20 Uhr mindestens zwei Fähren nach Iráklion und eine nach Chaniá (Soúda) fahren. Réthimnon wird viermal die Woche angelaufen. Fahrtdauer: ca. 12 Stunden. Schiffe von ANEK und Minoan Lines fahren auch direkt nach Iráklion. Ferner bestehen die Verbindungen Gíthion (Peloponnes) – Kastélli Kissámou (je nach Saison bis zu viermal die Woche; Auskunft bei Lindos Shipping, ☎ 01-4113956) und Thessaloníki–Iráklion (ein- bis zweimal die Woche, Auskunft bei Nomikos, ☎ 031-513005). Informations- und Buchungsstellen in Deutschland für die Italienfähren und die Verbindung Piräus–Kreta sind z. B. IKON, München, ☎ 089-5501041 (Generalagent für die ANEK) und Seetours, Frankfurt, ☎ 060-1333262 (Generalagent für Minoan Lines).

### Auto

Am bequemsten ist die Anreise über Italien. Benzin ist in Griechenland etwas billiger als in Deutschland. Das Tankstellennetz auf Kreta ist ausreichend. Die grüne Versicherungskarte sollte man unbedingt mitnehmen. Den Pannendienst ELPA in Iráklion erreicht man unter ☎ 081-289539.

### Bahn

Am bequemsten reist man ebenfalls über Italien. Von München fahren ein- bis zweimal täglich Züge über Ungarn nach Athen (knapp 40 Std.).

### Linienbus

Die Reise mit dem Linienbus ist die preiswerteste Möglichkeit. Auskunft: Deutsche Touring, ☎ 069-79030.

## Auf Kreta

### Linienbusse

Zwei Gesellschaften teilen sich den Überlandverkehr, die KTEL Iráklion/Lassíthi und die KTEL Réthimnon/Chaniá. Zwischen den großen Städten und zu den Touristenorten verkehren die Busse etwa stündlich, in einsame Dörfer dagegen nur frühmorgens und einmal am Nachmittag. Die Fahrpreise sind sehr niedrig.

### Taxi

Die Taxipreise sind sehr niedrig. Vier Personen können unter Umständen preiswerter als mit dem Linienbus reisen. Verhandeln Sie vor der Fahrt möglichst nicht über den Preis, billiger als mit eingeschaltetem Taxameter werden Sie nicht ans Ziel kommen. Dorftaxis mit der Aufschrift „Agoraion" haben allerdings kein Taxameter; sie fahren nach festen – nach wie vor preiswerten – Tarifen

### Mietfahrzeuge

Die Fahrzeuge sind vollkaskoversichert, aber immer nur mit einer Eigenbeteiligung des Mieters. Schäden an der Unterseite und am Auspuff sind nicht mitversichert – Vorsicht also auf schlechten Straßen!

# *Iráklion

## Betonwüste – aber „Kreta authentisch"

Halbfertige Betonskelette ragen in den vom Smog leicht getrübten blauen Himmel Kretas, der Verkehr staut sich in viel zu engen Straßen – der erste Eindruck von Iráklion (135 000 Einw.), Ankunftsort der meisten Kreta-Einsteiger, fällt eher ungünstig aus. Wer jedoch nicht nur eine Nacht bleibt, wird auch seine verborgenen, schönen Seiten entdecken: stille Altstadtwinkel, wo sich verwilderte Katzen sonnen, authentische Geschäftsstraßen mit mehr Kretern als Touristen, traditionelle Kafenía und echt kretisches Nachtleben in einem der zahlreichen Lyra-Lokale: wahrlich ein anderes Erlebnis als eine inszenierte Folkloreshow in den Touristenhotels.

*Cafés und Restaurants säumen die Platía Eleftherías.*

Außerdem liegen in und bei Iráklion die beiden Hauptsehenswürdigkeiten Kretas, das \*\*\*Archäologische Museum, das die einzigartigen Funde der minoischen Kultur zeigt, und der \*\*\*Palast von Knossós.

## Geschichte

Iráklion war mit einer Unterbrechung von 1850 bis 1972 stets Hauptstadt von Kreta. Vom Palast des venezianischen Statthalters und seines türkischen Nachfolgers ist allerdings nichts mehr erhalten, er stand in der Nähe des Löwenbrunnens.

*Die Jugend trifft sich – nicht nur in Iráklion – vor „ihren" Kneipen.*

Das antike Iráklion ist nach Herakles benannt, dem griechischen Helden schlechthin. Als die Araber 828 Kreta eroberten, befestigten sie die Stelle der antiken Stadt und nannten sie Rabd el Kandak

*Blick über Kretas Hauptstadt: eine etwas chaotische Architektur.*

Polyglott **33**

## IRÁKLION

(arabisch „Festungsgraben"). Daraus machten die Venezianer ab 1204 Candia und etablierten hier ihren „Duca di Candia". Nach der 21jährigen Belagerung durch die Türken (1648–1669) fiel Iráklion dann als letzte kretische Stadt an das Osmanenreich. Heute ist sie ein Klein-Athen, ein Zufluchtsort für arbeitsuchende Landbewohner.

## Stadtrundgang

### *** Archäologisches Museum Iráklion (AMI) ❶

Daß im Museum alle Meisterwerke der ersten Hochkultur Europas versammelt sind, ist keineswegs selbstverständlich. Denn die Kunstwerke der späteren klassischen und hellenistischen Kultur Griechenlands befinden sich in zahlreichen Museen über die ganze Welt verstreut. Warum ist Kreta hier ein Sonderfall? Wie im übrigen Griechenland waren es auch auf Kreta ausländische archäologische Missionen, die die ersten systematischen Grabungen durchführten. Engländer gruben in Knossós und in den Zeushöhlen, Amerikaner in Gourniá, Italiener in Phaistós, Franzosen in Mália. Als diese Grabungen aber um 1900 begannen, war die Zeit vorbei, daß griechische Antiken in die großen europäischen Museen „entführt" werden konnten. Nachdem Kreta 1898 selbständig geworden war und ab 1913 zu Griechenland gehörte, war der großzügige Antikenausverkauf nicht mehr zugelassen.

Das Museum besucht man am besten am Nachmittag (dann ist es leerer), macht zwischendurch eine Pause im Museumsgarten (mit Café – Eintrittskarte aufbewahren) und beschränkt sich auf die wichtigsten Funde, z. B. auf die Auswahl, die hier getroffen wurde.

*Saal II: Ältere Palastzeit*
*(2000 bis 1700 v. Chr.)*

Bemerkenswert ist die hauchdünne *„Eierschalenkeramik" (Vitrine 23), die höchstes Töpferkönnen voraussetzt. Interessant auch das *Stadtmosaik von Knossós (Vitrine 25), das die Fronten der minoischen Stadthäuser zeigt. Nach diesem Stadtmosaik haben wir heute eine Vorstellung vom Aussehen der Häuser in Gourniá. Evans rekonstruierte nach ihm den Palast von Knossós.

*Saal III: Ältere Palastzeit*

Die Entzifferung des **„Diskos von Phaistos" (Vitrine 41) ist bis heute nicht gelungen. Hieroglyphische Zeichen bewegen sich spiralförmig vom Rand zur Mitte hin. Es ist eine gegenständliche Schrift, wie sie auch die Ägypter hatten. Die Ideogramme zeigen z. B. einen Kopf mit aufrechtstehenden Haaren („Punk-Frisur"), einen fliegenden Vogel oder einen laufenden Mann in kurzer Hose.

*Saal IV: Jüngere Palastzeit*
*(1700 bis 1450 v. Chr.)*

Die bar- und vollbusigen **„Schlangengöttinnen" (Vitrine 50) waren wohl als Göttinnen verkleidete Priesterinnen. Ihre Taille ist eng geschnürt, ihr Glockenrock dagegen weit ausgestellt. Schlangen winden sich um Kopf und Körper und in den ausgestreckten Händen. Sie symbolisieren vermutlich die schwer zu beherrschende Macht der Erde, der Natur und des Todes und vielleicht auch, weil sie sich häuten, eine Wiedergeburt.

*Saal V: Jüngere Palastzeit*

Nähe Rückwand des Saales: „Hausmodell von Archánes". Es gibt einen plastischen Eindruck vom Aussehen der minoischen Landhäuser und Stadtvillen mit ihren Balkons und Lichthöfen.

*Saal VII: Jüngere Palastzeit*

Hier stehen die berühmten drei Vasen aus schwarzem Chlorit, die in Agía Triáda gefunden wurden. Das *„Boxerrhyton" zeigt Boxszenen und einen mißlungenen Stiersprung: Der Athlet wird vom Horn des Stieres durchbohrt.

# IRÁKLION

Die **„Schnittervase" zeigt eine lustige Alltagsszene: Ein Trupp von Erntearbeitern zieht singend und offensichtlich angeheitert mit Ährenbündeln auf den Schultern vorbei. Einer der Männer stolpert, ein anderer dreht spöttisch den Kopf nach ihm um. Auf dem *„Prinzenbecher" salutiert ein Untergebener vor einem Vorgesetzten. Ihm werden Tierfelle (?) überreicht, die von drei Männern getragen werden. – Unter den Goldschmiedearbeiten bezaubern die *„Bienen von Mália", die einst den Hals einer minoischen Dame zierten (Vitrine 101): Zwei Bienen tragen einen Tropfen Honig in eine Wabe.

Minoische Doppeläxte aus Knossós.

❶ Archäologisches Museum
❷ Dädálou
❸ Venizélosplatz
❹ Loggia
❺ Hafen
❻ Hafenfort
❼ Historisches Museum
❽ Marktgasse
❾ Katharinenplatz
❿ Kazantzákis-Grab

*Saal VIII: Funde der Jüngeren Palastzeit aus Káto Zákros*

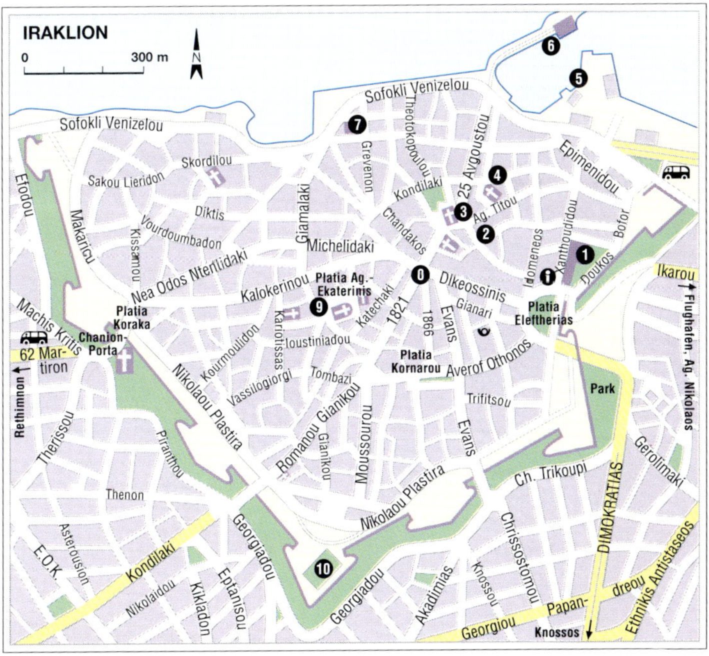

Ein edles **Rhyton aus Bergkristall (Vitrine 109) und ein weiteres, stark ergänztes *Rhyton mit der Abbildung eines Gipfelheiligtums mit Bergziegen (Vitrine 111; Rekonstruktion an der Wand) beeindrucken ebenso wie der schwarze *Stierkopf (Vitrine 116), auch ein Spendegefäß (Rhyton), denn der Kopf hat im Maul ein Ausgießloch.

*Obergeschoß (Freskenabteilung)*

Die in den Sälen XIV–XVI gezeigten minoischen **Fresken – sie stammen alle aus der Jüngeren Palastzeit – sind nur sehr fragmentarisch erhalten und daher stark ergänzt worden. Ihre schönklingenden Bezeichnungen gab ihnen Arthur Evans.

In Saal XIV hängt an der Wand gegenüber dem „Prozessionsfresko" von der Westfassade des Palastes von Knossós das „Stiersprungfresko" (Nr. 14). Dargestellt sind drei Phasen des Sprunges oder auch drei verschiedene Springer/innen in gemeinsamer Aktion: 1. eine Frau (!) ergreift den heranstürmenden Stier bei den Hörnern, 2. ein Mann macht einen Salto über den Stier, 3. der Abschluß des Sprungs: Nach einer Pirouette kommt eine Frau mit erhobenen Armen wieder zum Stehen. Man hat spanische Toreros gefragt, ob solche Kunststücke überhaupt möglich wären – sie konnten es sich nicht vorstellen. Ungeklärt ist auch, ob der Stiersprung eine kultische oder eine sportliche Handlung darstellte; möglich ist beides.

In der Mitte des Freskensaals steht der berühmte, vollständig bemalte **Kalksteinsarkophag von Agía Triáda,

1. Langseite: Priesterinnen opfern einen Stier. Ein Mann mit Flöte spielt die Musik dazu. 2. Langseite: Frauen gießen eine Opferflüssigkeit in ein Gefäß, das zwischen zwei Doppelaxtständern steht. Rechts daneben bewegt sich eine Prozession dreier Männer, die Tiere und ein Bootsmodell tragen, auf eine weißgekleidete, armlose Gestalt zu. Ein vorgestellter Gott? Ein Toter, also Totenkult? Man weiß leider nicht genau, was sich da abspielt.

Am Saalausgang steht ein modernes Holzmodell des Palastes von Knossós. Besser als im Original erkennt man an ihm seine Ausdehnung und Struktur.

Links an der Wand in Saal XV sieht man das „Miniaturfresko". Die Darstellung wird von feministisch geprägten Wissenschaftler/innen gern als Beleg für die Matriarchatsthese genommen: Frauen, wahrscheinlich Priesterinnen, mit erhobenen Händen zelebrieren einen Kult, vielleicht die Epiphanie einer Gottheit. Männer umrahmen die Szene und akklamieren. Einige Meter weiter die vielbewunderte „Kleine Pariserin". Evans assoziierte die sorgfältig geschminkte und gut frisierte minoische Dame mit den Damen der Gesellschaft im Paris der Belle Époque.

Der zwischen Papyrus- und Lotuspflanzen agierende „Blaue Affe" (Saal XVI) hieß früher „Krokuspflücker", denn Evans hatte die spärlichen Fragmente so angeordnet, daß ein Mann eine Krokusblume pflückt. Der griechische Archäologe N. Platon setzte dann aus den Fragmenten einen Affen zusammen – ein Beispiel dafür, wie unsicher sich oft auch die Archäologen beim Puzzle der Bildfragmente sind. ⊙ Mo 12–18 Uhr, Di–So 8–18 Uhr.

**Dädálou ❷**, die „Tavernen- und Einkaufsgasse" nur für Fußgänger. Viele Schmuck- und Souvenirgeschäfte, einige gute Tavernen, Pizzerias, Eisbars und Cafés. Die Gasse mündet auf den

**Venizélosplatz ❸** mit dem venezianischen Löwenbrunnen (Morosinibrunnen). Der dreieckige, lauschige Platz ist Treffpunkt der Jugend von Iráklion, sich allabendlich zur Zeit der Volta bei den „Leontaria" (Löwen) verabredet.

Die einstige Kathedrale der Venezianer gegenüber ist nach ihrem Stadtheiligen Markus benannt. Die Basilika ist heute Ausstellungsraum für Kopien berühmter Fresken aus Kirchen Kretas. Die venezianische

**Loggia ❹** wurde 1626–1928, etwa zur Zeit des Löwenbrunnens, errichtet. Sie

# IRÁKLION

diente den venezianischen Adligen als eine Art Klubhaus und ist architektonisch ein schönes Beispiel einer venezianischen Villa im Stile Palladios. In der Vorhalle sind heute Medaillons berühmter Kreter angebracht: Knossós-Entdecker und erster Ausgräber Mínos Kalokärinós, El Greco und sein Lehrer Michális Damaskinós, der Dichter und Nobelpreisträger Odisséas Elítis und die Schriftsteller Vitzénzos Kornáros (Barockdichter und Autor des „Erotokritos") und Níkos Kazantzákis.

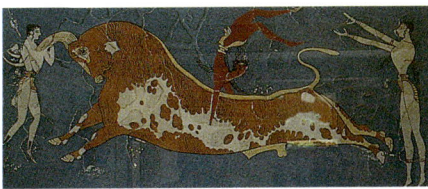

Szene aus dem „Stierspringerfresko", ebenfalls aus dem Palast von Knossós.

Gleich hinter der Loggia steht die *Tituskirche*. Sie stellt heute ein Architektur-Mix dar, denn eine türkische Kuppelmoschee wurde in eine christlich-orthodoxe Kirche zurückverwandelt. Islamisch sind die Arabesken, die „Eselsrücken" über den Fenstern und die Stalagtitgewölbe im Narthex. Der venezianische

**Hafen ❺** wird heute als Fischer- und Jachthafen genutzt. Ein Blick in die venezianischen Arsenale lohnt ebenso wie der Besuch des Hafencafés, wo man nah am Wasser den Blick auf das abends erleuchtete venezianische *Hafenfort* ❻ genießt. An seiner Außenseite sind drei Markuslöwen angebracht. Im Innenhof finden gelegentlich Theatervorstellungen statt. ◐ Mo-Sa 8.30 bis 12 und 16-18 Uhr.

**Historisches Museum ❼**. Es ist im einstigen, klassizistischen Wohnhaus des reichen Kaufmanns Mínos Kalokärinós untergebracht, der 1878 Knossós entdeckte.

Das Museum enthält Objekte der nachklassischen Epochen Kretas. Im Obergeschoß sind die deutsche Besatzungszeit 1941-1945 und ihre Greuel dokumentiert. Hier auch das nachgestellte Arbeitszimmer von Níkos Kazantzákis und verschiedene Ausgaben sei-

Warten auf Kundschaft: Markt in der Odós 1866.

Am Morosinibrunnen trifft sich abends Iráklions Jugend.

Polyglott **37**

# IRÁKLION

ner Bücher. Wer sich für Kazantzákis interessiert, sollte auch das ihm gewidmete Museum in *Mírtia* bei *Archánes* und die Kazantzákis-Dokumentation im Volkskundemuseum in *Ágios Geórgios* auf der *Lassíthi-Ebene* besuchen. ⊙ Sommer: Mo–Sa 9.30–13 und 15–17 Uhr. Winter: Mo–Sa 8.30 bis 15 Uhr. So geschl.

**Marktgasse** ❽. Im Gedränge der *Marktgasse (Odós 1866)* und in den schmalen Seitengassen mit dem Obst- und Gemüsemarkt, den Souvenirgeschäften, den Tavernen und Handwerksläden kommt Bazaratmosphäre auf. Hier kann man günstig Gewürze erstehen, kretischen Joghurt aus Tontöpfen probieren oder sich beim Schuster auf der Straße die abgelaufenen Hacken erneuern lassen.

Am oberen Ende der Gasse, an der *Platía Kornárou,* steht der venezianische *Bembobrunnen* mit einem kopflosen römischen Togatus aus Ierápetra. Daneben lädt ein türkisches Brunnenhaus, heute Mini-Kafeníon, zum Verweilen ein.

**Katharinenplatz** ❾ *(Platía Agía Ekateríni).* Hier lohnt das * *Ikonenmuseum* mehr als einen kurzen Blick. Es befindet sich in der 1555 gegründeten Kirche *Agía Ekateríni,* der ehemaligen Kirche des Katharinenklosters, das zu Zeiten der „kretischen Renaissance" unter den Venezianern vom Katharinenkloster der Sinai-Halbinsel als Kirchliche Hochschule geführt wurde. Hauptattraktion des Museums sind sechs Ikonen von Michális Damaskinós im italo-byzantinischen Stil der kretischen Malschule. ⊙ Mo–Sa 9.30–13 Uhr, Di, Do und Fr auch 17–19 Uhr. So und Fei geschl.

Weitere Besuchsziele auf dem Katharinenplatz sind die *Große* und die *Kleine Mináskirche.* Der Soldatenheilige Minás ist der Schutzherr Iráklions, die große Kirche, ein klassizistischer Bau vom Ende des 19. Jhs., ist seit 1895 orthodoxe Kathedrale der Stadt. Der Innenraum ist mit neueren Wandbildern (80er Jahre) vollständig ausgemalt. Dargestellt ist das übliche byzantinische Bildprogramm mit dem Passionszyklus in der Gewölbezone und den Heiligen in der unteren Wandzone. Die Kleine Mináskirche stammt aus dem 15. Jh. Im Innern kann man eine prächtige, vergoldete Ikonostase mit Weinrankenmuster aus der turko-kretischen Zeit des 18. Jhs. und einige wertvolle Ikonen bewundern.

**Kazantzákis-Grab** ❿ auf der Martinengo-Bastion. Der 1957 in Freiburg im Breisgau verstorbene Dichter und Diplomat (s. auch S. 26) fand seine letzte Ruhestätte unter einem einfachen Holzkreuz.

Auf dem Grabstein ist in der Handschrift des Dichters die Essenz seiner Lebenserfahrung eingemeißelt: „Ich hoffe nichts, ich fürchte nichts, ich bin frei." Freiheit also als Folge eines Verzichts auf Hoffnung und Furcht. Kein Wunder, daß Kazantzákis damit in Konflikt mit der Kirche geriet, für die ja Hoffnung (auf die Erlösung im Paradies) und Furcht (vor Gott) tragende Bestandteile des Glaubens sind.

## Praktische Hinweise

❶ Touristeninformation EOT gegenüber dem Archäologischen Museum, ☎ 081-228225.

✈ Vom Flughafen verkehren Busse nur nach Iráklion. Die blauen Stadtbusse (Fahrpreis ca. 1 DM pro Fahrt) fahren etwa alle 20 Minuten ins Zentrum zur Platía Eleftherías und über die Chanión Pórta (Busbahnhof für die Messará-Ebene) weiter in die westlichen Vororte. Die Fahrscheine kauft man an speziellen Kiosken, die sich an den Haupthaltestellen, so auch am Flughafen, befinden. Weiterreise mit dem Taxi: Auf einer Tafel am Ausgang des Flughafengebäudes sind die Entfernungen zu den wichtigsten Zielen und die Fahrpreise angeschlagen.

🚌 Die grün-gelben Überlandbusse fahren von zwei Busbahnhöfen ab. Der

# IRÁKLION

Busbahnhof am Hafen (harbour) liegt etwa 200 m östlich des alten venezianischen Hafens, der andere Busbahnhof am Chaniá-Tor (Chanión Pórta) außerhalb des Festungsringes. Zwei Busgesellschaften teilen sich den Überlandverkehr Kretas: die KTEL Chaniá/Réthimnon und die KTEL Iráklion/Lassíthi. (Die Einteilung entspricht den vier Bezirken Kretas.) Südkreta und die Messará-Ebene sowie Anógia, Ródia und Fódele werden vom Busbahnhof Chanión Pórta aus bedient, die Busse Richtung Réthimnon/Chaniá (entweder über die Küstenstraße oder – 2 Stunden länger – über die „Old Road") und Ágios Nikólaos/Sitía starten vom Busbahnhof am Hafen. Gepäckaufbewahrung: Mehrere Möglichkeiten in der 25.-August-Straße (Odós Ikosipénde Avgoústou).

*Die Große Mináskirche.*

Jeden Abend fahren zwei Fähren zwischen 18 und 20 Uhr nach Piräus, mindestens einmal pro Woche, mehrmals in der Hauptsaison, auch nach Santorin und andere Kykladeninseln, nach Thessaloníki, Zypern, Israel, Ägypten und direkt nach Italien. Auskunft in den Reisebüros an der Odós Ikosipénde Avgoústou oder am Hafen. Tagesausflüge kann man in den Reisebüros buchen.

*Ein schlichtes Holzkreuz schmückt das Grab des Dichters Kazantzákis.*

## Hotels

Im lärmigen Iráklion ein ruhiges Hotel zu finden, ist nicht einfach. Lärmempfindliche sollten Zimmer „nach hinten hinaus" nehmen oder auf die Strandhotels im Westen der Stadt ausweichen. Hotels in der Altstadt: Strandhotel: **Agapi Beach,** 6 km außerhalb, am Strand von Ammoudára, ☎ 081-250502, 📠 258731. Das komfortable 290-Zimmer-Ferienhotel bietet gute Wassersportmöglichkeiten; die drei Tennisplätze haben Flutlicht. $)))
**Dädalus,** Odós Daedálou 15, ☎ 081-224391, in der Fußgängerzone in der Altstadt, relativ ruhig. Meeresblick haben das **Lato,** das **Marin** und das **Kris** in der Epimenídou, alle $)
**Cretan Sun,** direkt an der Marktgasse Odós 1866, ☎ 081-243794. $

*Die Ikonen im Innern der Kathedrale lohnen die Betrachtung.*

⚠ Der am besten ausgestattete Platz Kretas – mit Swimmingpool – liegt im Hotelviertel westlich Iráklions, nahe Ammoudára, direkt am Strand.
Ⓡ Überall in der Altstadt gibt es Tavernen, die meisten am Löwenbrunnen und im Marktviertel. Gut, preiswert und mit Atmosphäre ißt man in der schmalen Verbindungsgasse zwischen Marktgasse und Evansstraße (Odós Karteroú).

Mehrere preiswerte Ouzerien und Tavernen findet man am Daskalogiánnisplatz. Raffinierte kretische Küche im **Kyriakos**, Dimokratías 45 (Straße Richtung Knossós). Ⓢ

*Nachtleben:* Mehrere Kritiká Kéntra bieten Lyramusik live, z. B. das **Kástro** an der Beaufort oberhalb des Hafens. Einige Kritiká Kéntra liegen an der Ausfallstraße in Richtung Knossós (Buslinie „Knossós"). Gemütliche Pubs in ehemaligen venezianischen Stadthäusern in der Epimenidou: **Palazzo Itar** und **Veneto**. In der Nähe auch mehrere Diskotheken. Große Auswahl aller Kneipengattungen am Löwenbrunnen. Ruhiger ist es in der **Piano-Bar** in der Odós 25 Avgoústou.

*Einkaufen:* Alteingesessene Volkskunstgalerie **Grimm** am Löwenbrunnen, mit guter Beratung, auch zu Fragen der Echtheit.

Kunsthandwerk ist im Staatlichen Kunstgewerbedienst EOMMEX in der Zográfou ausgestellt. Lederwaren und Lebensmittel (Kräuter, Honig, kretischer Käse etc.) kauft man am besten in der Marktgasse. In der Idomenéou 18 residiert ein Ikonenmaler, der selbst gefertigte Kopien bedeutender Ikonen verkauft. Nahebei, Hausnummer 25, ein Töpferladen.

Jeden Samstag außerdem größter Volksmarkt Kretas mit Hunderten von Ständen am Hafen.

*Literatur:* Sehr gute deutschsprachige Literatur über Kreta in der deutschen Buchhandlung „Monokeros", Odós Idomenéou 2.

# ***Knossós

## Zentrum der minoischen Kultur

Der größte der minoischen Paläste liegt 7 km außerhalb von Iráklion inmitten von Weinfeldern auf dem Kefalá-Hügel. Die Grabung und ihre Publikation ist eng mit dem Namen eines Mannes verbunden: Arthur Evans. Der 43jährige war 1894 zum ersten Mal nach Kreta gekommen. Nicht um Knossós auszugraben, dessen Existenz schon der kretische Kaufmann und Hobbyarchäologe Mínos Kalokärinós 1878 durch erste Versuchsgrabungen nachgewiesen hatte, sondern auf der Suche nach einem vorgriechischen Schriftsystem. Evans war ein vielseitiger Mann, er hatte sich bereits als Zeitungskorrespondent, Reisejournalist, Ethnologe und Museumsdirektor betätigt. Knossós begann ihn zu fesseln. Evans wollte der „Schliemann Kretas" werden: derjenige, der das bei Homer erwähnte Reich des Minos wieder ans Tageslicht bringen würde, genauso wie Schliemann der staunenden Öffentlichkeit die vorhomerische Kultur in Troja und Mykene vorgeführt hatte. Als Kreta 1898 selbständig wurde, schlug schließlich seine Stunde. Aus reichem Hause stammend, konnte er das Grundstück, unter dem Knossós lag, mit eigenen Mitteln erwerben. Ein rasch gegründeter „Cretan exploration fund", ein privater Förderverein, steuerte weitere Mittel bei. 1900 konnten die Ausgrabungen beginnen. Innerhalb weniger Jahre, aber viel zu schnell, ohne sorgfältige Dokumentation und indem Wichtiges einfach weggeschaufelt wurde, wurde das Palastareal freigelegt. Kritik wurde auch an dem geübt, was den touristischen Reiz von Knossós heute aus-

# KNOSSÓS

macht. Während sich die Italiener in Phaistós oder die Amerikaner in Gourniá mit einer bloßen Sicherung der Ruinen begnügten, baute Evans mit viel Stahlbeton und bunter Farbe den Palast zu großen Teilen wieder auf, und zwar so, daß die wiedererrichteten Trakte bewußt unvollendet blieben.

Aufmerksame Betrachter entdecken, daß Gesimse plötzlich „malerisch" abbrechen, daß eine Betonsäule nur halb hervorragt, daß mit Kulthörnern und herumstehenden Pithoi ein raffiniertes künstlerisches Arrangement getroffen wurde. Evans wollte in Knossós eine „Ruinenromantik" erzeugen.

A  Westhof
B  Westeingang
C  Südpropylon
D  Magazine
E  Lichtschacht und Lustralbad
F  Terrasse
G  Thronraum
H  Nordeingang
I  Magazine und Werkstätten
J  Magazine und Werkstätten
K  Wohnräume
L  Treppenhaus
M  „Halle der Doppeläxte"
N  „Megaron der Königin"
O  „Toilette der Königin"
P  Südzugang
Q  Schautreppe
R  Prozessionsweg

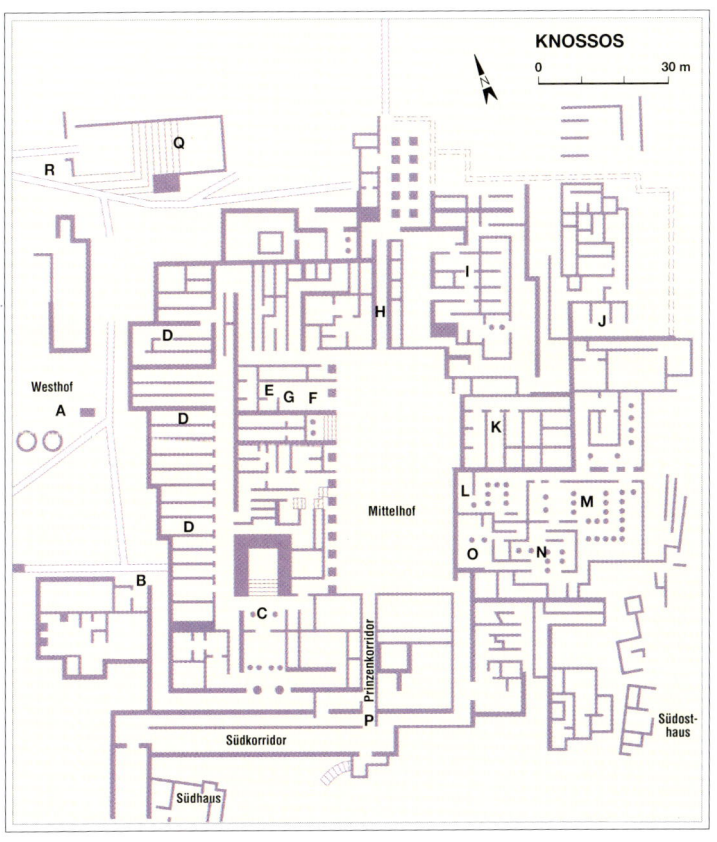

# KNOSSÓS

Die im folgenden verwendeten Bezeichnungen wie „Halle der Doppeläxte" oder „Toilette der Königin" gehen auf Arthur Evans und seine mehrbändige Publikation „The Palace of Minos at Knossós" zurück.

## Rundgang

**Westhof** [A] Die Bronzebüste des Ausgräbers am Eingang ins Palastareal rechts am Wege wurde 1935 in seinem Beisein aufgestellt. Evans wurde 1911 ob seiner Verdienste um die minoische Kultur geadelt; er starb 1941 im Alter von 90 Jahren.

Auf dem gepflasterten Westhof fallen leicht erhobene Prozessionswege auf. Sie führen zu einer großen Schautreppe und weiter zum „Kleinen Palast" (jenseits der Straße; nicht zugänglich).

Die runden gemauerten Gruben im Hof dienten vermutlich als Depot für Weihegeschenke, die aus den Palastheiligtümern entfernt worden waren.

**Westeingang** [B] mit Polythyronanlage; erhalten sind nur die (rekonstruierten) Fundamente.

**Südpropylon** [C] in besagter Ruinenromantik. An der Wand das große Prozessionsfresko, die Originalfragmente befinden sich im AMI. Mit den herumstehenden mykenischen Pithoi wollte Evans andeuten, daß hier nach 1450, in der Nachpalastzeit, Mykener wohnten. Eine Treppe führt hinauf zum rekonstruierten „Piano Nobile", dem von Evans so genannten Obergeschoß.

Vom Piano Nobile hat man einen Blick in die über 20 *Magazine* [D] im *Erdgeschoß*. In den von starken Mauern abgetrennten länglichen Räumen sind kastenartige Vertiefungen eingelassen, kühle unterirdische Depots. Hier stapelten sich einst die Tribute und Tauschwaren des Reiches: Tuche, Öle, Getreide usw. An den Rändern stehen riesige, hohe Pithoi (Vorratsgefäße).

**Lichtschacht und „Lustralbad"** [E]. An die Wände haben die Archäologen und Knossós-Didaktiker Kopien berühmter minoischer Fresken gehängt. – Von der *Terrasse* [F] hat man einen schönen Blick auf den Innenhof. – Der berühmte **Thronraum** [G] ist nicht zugänglich, man darf aber durch ein Holzgitter hineinschauen. Der alabasterne Thronsessel stammt noch aus der Älteren Palastzeit; links und rechts stehen Bänke. Man wüßte gern, wer da einst gesessen hat. Die den Thron flankierenden Greifendarstellungen (Kopien, die Originalfresken sind im AMI) stammen aus der mykenischen Periode von Knossós, also nach 1450 v. Chr.

In den Vorraum haben die Engländer eine Kopie des Thrones gestellt, auf dem man „probesitzen" kann. Eine andere Kopie steht im Internationalen Gerichtshof in Den Haag, denn Minos war in der griechischen Mythologie auch ein weiser Richter.

**Nordeingang** [H] mit Rekonstruktion eines bunten Flachreliefs mit angriffendem Stier.

**Magazine und Werkstätten** [I–J]. Die Räume liegen merkwürdigerweise unmittelbar neben den *Wohnräumen* [K].

Repräsentatives **Treppenhaus** [L]. Die Treppen führen hinunter in die Wohnräume der Herrscher von Knossós. An den Wänden bunte Schilde.

**„Halle der Doppeläxte"** [M], so genannt, weil Doppelaxtzeichen in die Wände eingeritzt sind, und „Megaron des Königs" nach Art eines Wintergartens mit vielen Polythyra.

**„Megaron der Königin"** [N] mit Badewanne hinter einer Trennwand. An den Wänden die Fresken minoischer Damen, einer Tänzerin und von Delphinen (Originale im AMI).

**„Toilette der Königin"** [O] („Dressing room") mit Kanalisation unterm Donnerbalken. Bei der Entdeckung dieses wichtigen Fundes soll Evans ausgerufen haben: „Jetzt bin ich der einzige, der auf Kreta ein Klo mit Wasserspülung besitzt!"

## KNOSSÓS

**Südzugang** [P] zum Innenhof mit Kopie des „Lilienprinzen", der einzigen repräsentativen männlichen Darstellung im Palast.

**Schautreppe** [Q], das „Theater" des Palastes. *Hier endet der Prozessionsweg* [R], *der zum „Kleinen Palast" führt.*
◌ Mo 8–12, Di–Fr 8–18, Sa, So und Fei 8–15 Uhr.
🚌 Stadtbusse der Linie 2 alle 20 Minuten ab Iráklion.
🅁 Restaurants an der Hauptstraße.

*Die berühmten Delphine im Megaron der minoischen Königin, allerdings nur Kopien.*

## Ausflug nach Archánes

Das Weinbauerndorf Archánes steht auf den Ruinen eines minoischen Palastes, der an Größe und Ausstattung Knossós gleichkam. Die heutige Dorfkirche steht auf dem Pflaster des einstigen Palast-Innenhofs! Drei wichtige minoische Stätten liegen nahebei. \*Vathípetro, ein Gutshof mit Oliven- und Weinpresse, Anemóspilia, ein Tempel, in dem zur Abwehr des Erdbebens von 1700 v. Chr. ein Mensch geopfert wurde, und *Fourní*, eine vom 3. Jt. bis zur Mykenerzeit benutzte Nekropole.

Nur Wärter schließen die Stätten gegen ein Entgelt auf. Fourní, auf einem Hügel gelegen (30 Min. Fußweg), ist frei zugänglich. In der Dorfmitte, rechts der Hauptstraße, sind in einem \*Ein-Raum-Museum (Eintritt frei, ◌ täglich 8 bis 14.30 Uhr) die Funde von Archánes zu sehen. Spannend ist die hervorragend dargestellte Geschichte des Menschenopfers von Anemóspilia.

🚌 Linienbus nach Archánes jede volle Stunde ab Busbahnhof am Hafen.
🅁 Garten-Taverna **Kostas** gegenüber der Dorfkirche. Hier hilft man auch bei der Suche nach dem Wärter. $

*Literaturtip:* Das Buch „Archanes" (1. Aufl. 1991) vom Ausgräberehepaar J. und E. Sakellarákis gibt eine aktuelle Zusammenfassung des Forschungsstandes zur minoischen Kultur. Im kretischen Buchhandel erhältlich.

*Und noch zweimal der Palast von Knossós: die roten Säulen, ein markantes Wahrzeichen.*

# *Ágios Nikólaos

## Die weiße Stadt am malerischen Mirabéllo-Golf

*Ágios Nikólaos (8000 Einw.), die erst 1869 gegründete Stadt, ist nicht von ungefähr zum meist besuchten Badeort Kretas geworden. Landschaft und Lage sind einmalig: eine Halbinsel, umflossen von blauem, klarem Wasser, ein malerischer ehemaliger Süßwassersee mit einem Durchstich zum Hafen, eine lange Strandpromenade mit Bademöglichkeiten an den Klippen, die vorgelagerten, schön geschwungenen Inseln *San Antonio* und *Spinalónga* und schließlich die Bucht von *San Nicolo*, in der einst die Schiffe der Venezianer ankerten. Heute liegen an dieser Bucht zwei Luxushotels, das „Minos Beach" und das „Minos Palace".

## Geschichte

Ursprünglich war der Ort ein Hafen für die nahe dorische Bergstadt Látó und hieß „Pros Kamares" („Zu den Bögen"). Der Name Ágios Nikólaos geht auf die Nikolauskirche (neben dem Hotel „Minos Palace") zurück, deren älteste Teile aus der Zeit des Bilderstreits stammen. Während der venezianischen Besatzung wurde die Festung Mirabéllo auf der Halbinsel gebaut. Ihre Reste sind jedoch heute von den Hotels überbaut. Die Seeseite von Ágios Nikólaos schützte die Festung Spinalónga.

Ágios Nikólaos ist die Hauptstadt des Bezirks Lassíthi. Von hier aus lassen sich die Sehenswürdigkeiten Ostkretas bequem mit dem Linienbus erreichen.

Im Sommer ist die Stadt von Touristen ziemlich überlaufen, aber auch im Winter lockt das milde Klima Besucher an. Ein „Winterschlaf" findet also nicht statt.

## Stadtrundgang

**Voulisméni-See** ❶. Rund um den Binnensee und das Hafenbecken spielt sich das Nachtleben der Stadt ab.

Der einstige Süßwassersee wurde 1867–1871 durch einen Kanal mit dem Meer verbunden. Ein ähnliches geologisches Phänomen – Süßwassersee in Küstennähe, gespeist von einer unterirdischen Quelle – ist der See bei Kournás in Westkreta (s. S. 80).

**Halbinsel** ❷, Standort der Festung Mirabéllo, die 1204 die Venezianern erbauten. Die Festung ist auf venezianischen Stichen abgebildet. – Die

**Bademöglichkeiten** ❸ von Ágios Nikólaos sind beschränkt: schmale Strände, zu wenig Sand für zu viele Touristen. Bademöglichkeit auch von den Klippen unterhalb der Uferpromenade in Richtung Eloúnda. – Das

*Archäologische Museum ❹ stellt bedeutende Funde aus Ostkreta aus. Kurios ist in Saal V ein Totenschädel mit einer Münze zwischen den Zähnen: der Obolus für die Fahrt über den Fluß Styx ins Totenreich.
◷ Di–So 8.30–15 Uhr.

**Ágios-Nikólaos-Kirche** ❺. In der unscheinbaren byzantinischen Kuppelkirche haben sich Freskenfragmente aus der Zeit des Bilderstreits (726–843) mit anikonischen (unfigürlichen) Motiven erhalten. Den Schlüssel bekommt man im Hotel „Minos Palace".

## Praktische Hinweise

❶ EOT-Büro, ☎ 0841-22357.
🚌 In die Richtungen Iráklion, Kritsá, Sitía und Ierápetra etwa stündlich.
🚢 Zweimal die Woche Santorin und Piräus sowie Kárpathos und Rhodos. Tagesfahrten nach Santorin.
🏠 Kleine Pensionen rund um den Busbahnhof. Besser sind allerdings **Alfa** auf der Stadt-Halbinsel, ☎ 0841-23701, und **Ormos** am Stadtrand in Richtung Eloúnda mit Bun-

# ÁGIOS NIKÓLAOS

galows und Swimmingpool, ☎ 0841-28144, 📠 25394. Beide $
Wenn Geld keine Rolle spielt: Luxushotel **Minos Palace,** das architektonisch an die minoischen Paläste erinnert. ☎ 0841–23801, 📠 23816. $))
🍴 Die Restaurants sind stark vom Tourismus geprägt, also wenig traditionelle kretische Küche. Noch am ursprünglichsten und auch von Einheimischen gern besucht ist **Haris** am Hafen. $ – Zur Luxusklasse gehört das **Ariadne** mit raffinierter kretischer Küche, ebenfalls am Hafen. $))

## Ausflüge

### Spinalónga

Es gibt zwei Inseln, die Spinalónga heißen: einmal die kleine Festungsinsel, zum zweiten die Eloúnda vorgelagerte ehemalige Halbinsel, die jetzt durch einen begehbaren Damm mit dem Festland verbunden ist.

**Spinalónga** (ital. „langer Dorn") ist eine venezianische Festung, die zur Kette der Inselforts gehört, die die Nordküste Kretas verteidigen sollten (die anderen Forts sind Gramvoúsa und Soúda im Westen). Spinalónga wurde im 16. und 17. Jh. gegen die entwickelte Belagerungstechnik der Osmanen so gut ausgebaut, daß die Festung nie genommen wurde. Nachdem Kreta längst in der Hand der Türken war, harrte hier eine venezianische Wachmannschaft noch

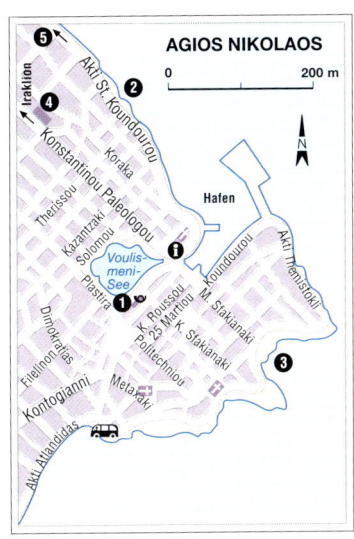

❶ Voulisméni-See
❷ Halbinsel
❸ Bademöglichkeiten
❹ Archäologisches Museum
❺ Ágios-Nikólaos-Kirche

*Leprastation von Spinalónga.*

## Die Leprastation von Spinalónga

Der übliche Rundgang der Touristen, die Spinalónga täglich per Boot ab Eloúnda oder Ágios Nikólaos besuchen, führt vorbei an verlassenen Häusern des 20. Jhs. Die griechische Regierung hatte 1903 beschlossen, die türkischen Siedler Spinalóngas zu vertreiben und hier ein Lepraghetto einzurichten. Bis zum Jahr 1957 lebten die Leprakranken in einer dorfähnlichen Gemeinschaft zusammen. Sie besaßen eine Schule, Läden und Werkstätten und sogar ein Kafeníon und ein Kino. Für die Angehörigen, die ihre Kranken besuchten, gab es einen Desinfektionsraum nahe dem alten Anleger gegenüber der Pláka. Die Verstorbenen von Spinalónga wurden auf einem Friedhof nahe dem heutigen Fähranleger in Betonsarkophagen bestattet.

# ÁGIOS NIKÓLAOS

bis 1714 aus. Sie zog sich schließlich zurück, weil Spinalónga in einem türkisch beherrschten Mittelmeer keine strategische Bedeutung mehr hatte.

🚢 Ausflugskaikis im Hochsommer täglich ab Ágios Nikólaos und Eloúnda. Manchmal wird der Ausflug noch etwas erweitert, z. B. durch Schwimmen über den Ruinen von Oloús, einer Polis bei Eloúnda, von der man einige Hausmauerreste einen Meter unter der Wasseroberfläche gefunden hat.

## Eloúnda

Der Badeort mit Luxushotellerie liegt malerisch an einer Bucht, die von der länglichen Insel Spinalónga zum Meer hin abgegrenzt wird.

🏨 Aus den vier Luxushotels ragen das **Elounda Beach,** ☎ 0841-41412, 📠 41373, Mitglied von „The leading hotels of the world", und das **Elounda Mare,** ☎ 0841-41102, 📠 41307, Mitglied von „Relais et chateaux", hervor. Beide Ⓢ
Direkt am Meer liegt das **Aristea,** ☎ 0841-41301. Ⓢ
Preiswert und passabel das **Olous** an der Hauptstraße, ☎ 0841-41357. Ⓢ
🍴 Gute Fischrestaurants rund um den Hafen. Auf Spinalónga bei den Windmühlen und einem frühchristlichen Mosaik eine urige Taverne.

## *Kritsá

Ganze Busladungen von Touristen kommen im Sommer jeden Tag in dieses „typisch kretische Dorf", das sich mit seinen weißen Häusern unterhalb eines steilen Felshanges architektonisch geschlossen ausbreitet.

Traditionell stellen die Frauen Kritsás Häkel- und Webarbeiten her, die an die Touristen verkauft werden. Die dreischiffige byzantinische Kirche

**\*\*Panagía Kerá** unterhalb von Kritsá ist ganz mit Fresken (13./14. Jh.) ausgemalt, die vorzüglich erhalten sind. Damals herrschten die Venezianer über Kreta, und so finden sich manche „Italizismen" im Bilderschmuck, zum Beispiel der katholische Heilige Franz von Assisi mit der Beischrift FRA-ZEC-KO (die Silben sind untereinander angeordnet) am nördlichen Mittelpfeiler des Hauptschiffs. An den Stilunterschieden in den Malereien kann man sehr schön sehen, daß verschiedene Malerhände zu verschiedenen Zeiten am Werk waren: im Mittelschiff die traditionelle, lineare, hieratische Malweise, im Südschiff erscheinen die Figuren bewegter, plastischer und lebensnäher. Abgebildet sind im Mittelschiff vor allem der Passionszyklus, herausragend hier der drastisch dargestellte Bethlehemitische Kindermord, im Südschiff das Leben der Anna und ihrer Tochter Maria, im Nordschiff das „Jüngste Gericht" mit Höllenqualen und Paradiesszene.

*Literaturtip:* Melina Mercouri, „Ich bin als Griechin geboren". Darin die amüsante Beschreibung der Dreharbeiten zum Film „Der Mann, der sterben muß" nach der „Griechischen Passion" von Kazantzákis. Der Drehort war Kritsá.

## Lató

Zunächst beeindruckt die Lage dieser kretischen Polis: auf einem Bergsattel inmitten wilder Landschaft, die Agorá zwischen zwei Akropolen. Unter einer schattenspendenden immergrünen Steineiche sitzt es sich gut auf einer antiken Steinbank („Éxedra"). Gegenüber führt eine Schautreppe zu den Verwaltungsgebäuden Latós mit Bänken und einem Tisch, rechts und links davon je ein Wachtturm. Das Geschäfts- und Ladenviertel befand sich links unterhalb der Agorá. In den Erdgeschossen der Häuser sieht man Mörser, Handmühlen und Zisternen.

*Wandertip:* Von Kritsá hinauf mit dem Taxi, dann auf einem Maultierpfad auf der anderen Seite den Berg hinunter bis Chamiló. Dort fährt gegen 15 Uhr der Linienbus nach Ágios Nikólaos.

*Weithin sichtbar ist die blaue Kuppel des Nonnenklosters Chrisoskalítisa.*

# **Réthimnon

## Venezianisch-türkische Altstadt und schmucker Hafen

**Réthimnon (25 000 Einw.) wetteifert mit *Chaniá* um die Auszeichnung, schönste Stadt Kretas zu sein. Dabei schneidet Réthimnon in der Tat nicht schlecht ab: Die Altstadt ist besser und einheitlicher als die von Chaniá erhalten, der venezianische Hafen kleiner und intimer. Fischerboote dümpeln vor sich hin, und am Kai, vor den pastellfarbigen Hafenhausfassaden, reiht sich ein Fischrestaurant an das andere. Das Stadtbild prägen enge Gassen, die die Häuser in Karrees teilen. Die venezianischen Häuser erkennt man an den Portalen mit gotischen Bögen und an den Fenstern, die mit Steinprofilen gerahmt sind, die türkischen an ihren Holzerkern, die der Fassade über der Straße vorgebaut sind.

Von der Zitadelle über der Stadt kann man die türkische Vergangenheit Réthimnons auch an den vielen Minaretten der Moscheen ablesen.

Als einzige Stadt Kretas besitzt Réthimnon einen breiten Sandstrand direkt vor der Stadt, eignet sich also für Badeurlauber, die eine urbane Atmosphäre zu schätzen wissen.

## Geschichte

Iráklion gilt als Metropole der Wirtschaft, Chaniá als Stadt der Politik, Réthimnon aber als geistiges und wissenschaftliches Zentrum. Nicht zufällig ist hier die Geisteswissenschaftliche Fakultät der in den siebziger Jahren gegründeten Universität von Kreta angesiedelt. Denn aus Réthimnon stammen bedeutende Gelehrte, die einst nach Italien ausgewandert sind und sich über Kreta hinaus einen Namen gemacht haben.

Die ältesten Reste der Stadt gehen auf die minoische Zeit zurück; die nachminoische dorische Stadt trug den vorgriechischen Namen Réthymna. Während der Türkenzeit war Réthimnon vorwiegend von Türken bewohnt. Ihr gemächliches Leben zwischen Kaffeehaus und Pferdesattel schildert sehr anschaulich der 1909 in Réthimnon geborene Schriftsteller Pandelís Prevelákis in „Chronik einer Stadt" (erschienen in der Bibliothek Suhrkamp).

## Stadtrundgang

**Venezianischer Hafen ❶**, die Hauptattraktion Réthimnons. Intime, gepflegte Atmosphäre, Fischrestaurants der gehobenen Preisklasse.

**Stadtstrand ❷**. Im Strandpavillon befinden sich das Informationsbüro des EOT und eine EOMMEX-Ausstellung kretischen Kunsthandwerks.

**Moschee des Kára Moussá Paschá ❸** aus dem 17. Jh. mit hübschem Blumengarten.

**Odós Arkadíou ❹**, *die* Einkaufsstraße. Besonders Lederwaren in reicher Auswahl. Am Nordende der Arkadíou zweigt die schmale *Soulíou* mit weiteren interessanten Geschäften rechts ab. Hier, in Nr. 58, bietet ein Kräuterladen eine riesige Auswahl.

Eine Tafel vor dem Laden erklärt in kuriosem Deutsch, welche Tees gegen welche Gebrechen helfen. In der Nähe auch ein Ikonenmaler, ein Schuster, der nach Maß arbeitet, und ein Antiquariat, das auch deutsche Bücher verkauft.

**Venezianische Loggia ❺**. Sie war ebenso wie die Bauten in Iráklion und Chaniá ein Klubhaus für die venezianischen Adligen.

**Rimondibrunnen ❻**. Laut Inschrift stammt er aus dem Jahr 1629. Ebenso wie der Morosinibrunnen in Iráklion diente er der Wasserversorgung. Unter der Inschrift „A(lvise)RIMONDI" Säulen mit korinthischen Kapitelen und wasserspeiende Löwenköpfe.

# RÉTHIMNON

**Moschee Paschá Nerazza** ❼. Die heutige Moschee war vorher Kirche (Santa Maria), jetzt ist sie Odeion (Konzertsaal). Wie viele andere Bauten spiegelt auch dieser in seinem Funktionswechsel die Geschichte Kretas wider.

Die venezianische Klosterkirche des 16. Jhs. wandelten die Türken zur Moschee um. Vom Minarett aus hat man einen herrlichen Blick über die Stadt.

**Archäologisches Museum** ❽ vor der Festung. Einst Gefängnis der Venezianer, zeigt das Museum heute interessante Objekte aus der Region. Bemerkenswert sind die Funde des nachpalastzeitlichen Friedhofs von *Arméni*. (Die – ausgegrabenen, leeren – Kammergräber sind in *Situ* zu besichtigen, 1 km außerhalb Réthimnons, rechts der Straße nach *Préveli*.) ◐ Di-Sa 9-15, So 9.30-14.30 Uhr.

**Zitadelle** ❾, die *Fortezza*. Von den venezianischen Städten Kretas hatte

*Am langen sandigen Stadtstrand von Réthimnon herrscht in der Saison Hochbetrieb.*

❶ Venezianischer Hafen
❷ Stadtstrand
❸ Moschee des Kára Moussá Paschá
❹ Odós Arkadíou
❺ Venezianische Loggia
❻ Rimondibrunnen
❼ Moschee Paschá Nerazza
❽ Archäologisches Museum
❾ Zitadelle

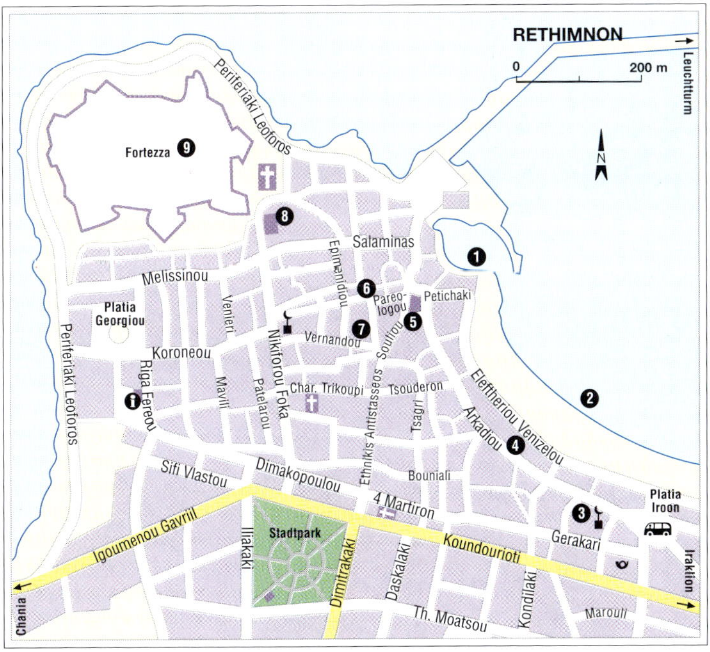

Polyglott

nur Réthimnon eine „Festung in der Festung".

Zu besichtigen sind Munitionskammern, Zisternen und die *Sultan*-Ibrahim-Moschee mit ihrer weiten Kuppel, die Stein um Stein als echtes Gewölbe gebaut wurde. Ihr Minarett wurde allerdings von den Kretern gekappt, von ihm steht nur noch der Stumpf.

## Praktische Hinweise

❶ Die EOT-Touristeninformation an der Stadtpromenade ist in der Hauptsaison täglich von 8 bis 20 Uhr geöffnet. Es werden nun auch Zimmer vermittelt.

🚌 Vom Busbahnhof an der Odós Moátsou fahren die Busse nach Iráklion, Chaniá, Agía Galíni und nach Préveli/Plakiás ab (Abfahrten etwa stündlich), von der Platía Iróon die Busse nach Anógia und in den Amári-Bezirk.

🚢 Viermal wöchentlich fährt die „Arkadi" nach Piräus. Tagesfahrten nach Santorin.

🏠 Diverse Pensionen in Hafennähe und zwischen der Arkadíou und dem Strand.
**Kyma Beach** an der Platía Iróon, ☎ 0831-55503, 📠 22353. Das 35-Zimmer-Hotel hat ein gutes Restaurant (à la carte) und Zentralheizung, daher ganzjährig geöffnet. 💲
Strandhotels der A-Klasse reihen sich östlich von Réthimnon den langen Sandstrand entlang aneinander, z. B. das **Grecotel Rithymna Beach**. Es bietet vielerlei Wassersportmöglichkeiten, Animationsprogramm und Kindercamp. Hier auch ein Veranstalter für Mountainbike-Touren, ☎ 0831-21181, 📠 20085. 💲💲
🏠 Zum Erlebnis Réthimnon gehört auf jeden Fall ein Essen in einer Fischtaverne am romantischen venezianischen Hafen.
Besser und zudem auch preiswerter ißt man allerdings in den Tavernen in der Altstadt. Lyra-Musik zum Essen und Tanz bietet **Gounákis**, Koronéou 8. 💲

# ** Chaniá

## Perle Westkretas

Die Einfahrt in das Zentrum von **Chaniá (70 000 Einw.) kann in Streß ausarten. Schrittweise quälen sich Autos und Busse durch viel zu enge Straßen – Chaniá hat gemessen an seiner Einwohnerzahl die größte Autodichte Griechenlands! Doch im Zentrum angelangt, winkt eine schmucke Perle: die in großen Teilen verkehrsberuhigte Altstadt mit ihren Märkten und Basaren, venezianischen Wohnhäusern und dem mittelalterlichen Bilderbuchhafen, an dem Einheimische wie Touristen abends flanieren und sich in den vielen Restaurants und Cafés niederlassen. Die Vorstadt von Chaniá ist mit einem sehr regelmäßigen Straßennetz angelegt: Straßen schneiden sich rechtwinklig, die Häuserblocks bilden Karrees, dazwischen einige Grünflächen und sogar ein Stadtpark samt kleinem Zoo – eine Seltenheit in Griechenland. Die Altstadt jedoch ist gewachsen. Rund um den Stadthügel am Hafen, auf dem eine minoische Siedlung nachgewiesen wurde, verschachteln sich pastellfarben gestrichene Häuser über minoischen und antiken Mauerresten. Einbezogen sind die Stadtmauern des Castel vecchio, die Palazzi der venezianischen Oberschicht, die Arsenale und die türkische Janitscharenmoschee am Hafen mit ihrem Minarett.

## Geschichte

In der Antike hieß Chaniá Kydonia, eine Bezeichnung, die sich vom griechischen kydoniá (Quitte) herleitet. Als die Venezianer Kreta im 13. Jh. übernahmen, nannten sie die Stadt La Canea und errichteten gegen die konkurrierenden Genuesen (die die Stadt 1266 plünderten), gegen die revoltierenden

# CHANIÁ

Kreter und gegen die äußere arabische und später osmanische Bedrohung starke Festungsanlagen. Als erste entstand im 13. Jh. das Castel vecchio um den Altstadthügel, dann im 16. Jh. eine modernere, ein größeres Areal umfassende Anlage mit einer Zitadelle an der Hafeneinfahrt. 1645 wurde Chaniá als erste kretische Stadt nach kurzer Belagerung von den Osmanen eingenommen. Sie wurde Hauptstadt von Kreta und blieb es bis 1972, als die Junta dem wirtschaftlich entwickelteren Iráklion diese Rolle übertrug.

Réthimnon: die Sultan-Ibrahim-Moschee.

1913, nach dem Anschluß Kretas an das griechische Mutterland, wurde auf der Hafenzitadelle „Firkas" zum ersten Mal die griechische Fahne gehißt.

## Stadtrundgang

*Markthalle ❶. Der neoklassizistische, 1911 nach dem Vorbild der Marseiller Markthalle errichtete Bau bietet einen guten Überblick über sämtliche kretischen Agrarprodukte. Beachtenswert die Architektur in Form eines gleichschenkligen Kreuzes; in den Kreuzarmen haben die Agrarbranchen ihre Stände. Ein Essen im Markthallen-Estiatórion im Kreise der Händler ist ein echtes Kreta-Erlebnis.

Lederwaren gewünscht? Chaniá bietet mehr als genug davon.

Unverkennbar venezianisch geprägt ist die Odós Angélou.

„Ledergasse" Skrídlof ❷. Hier findet man eine so reiche Auswahl an Lederwaren aller Art wie sonst nur noch in Réthimnon. Wer möchte, kann sich hier auch Lederstiefel nach Maß anfertigen lassen.

Zwischen den Ledergeschäften liegt versteckt die urige und preiswerte Kafenion-Taverne „to Diporto".

Katholische Kirche ❸ und Volkskunstmuseum im Innenhof. Es zeigt vorwiegend kretische Webarbeiten und Möbel. Unregelmäßige Öffnungszeiten.

In der riesigen Markthalle macht das Einkaufen Spaß.

## CHANIÁ

**\*\*Archäologisches Museum ❹** in der gotischen *San-Francesco-Kirche*, der Kirche des Franziskanerordens. Die Türken machten aus ihr die *Jussuf-Pascha-Moschee*, davon zeugen noch der Minarettstumpf und der Reinigungsbrunnen. Nach dem Anschluß an Griechenland war das Gotteshaus Kino, nach dem Abzug der Deutschen 1945 Depot für zurückgelassene deutsche Militaria, um dann schließlich – 1962 – archäologisches Museum zu werden. Ausgestellt sind Objekte aus allen kretischen Epochen, vom Neolithikum bis zur Türkenzeit. (Die Vitrinen sind beschriftet.) Schön sind die römischen Fußbodenmosaiken und – aus der minoischen Epoche – das als Quelle wichtige Master-Impression-Siegel mit einer Stadtansicht und einem männlichen Waffenträger.

Von besonderem Interesse sind auch die mehrfarbig bemalten Tonsarkophage aus der spätminoischen Zeit. Auf einem sind Bergziegen und eine Hirschjagd dargestellt. Die Urnen stammen aus der Nekropole von Arméni. ◷ täglich außer Sa und So 9–15 Uhr.

**Venezianische Patrizierhäuser ❺** mit schönen Fassaden und Portalen in der schmalen Odós Móschou und in der Zambelioú. Besonders beachtenswert sind der *Renieri*-Palast und die ehemalige *Loggia* (Hausnr. 43–45). Die lateinische Inschrift auf dem Wappen: „nulli parvus est census qui magnus est animus", bedeutet: Niemand wird gering geschätzt, der groß im Geiste ist.

**Nautisches Museum ❻** unterhalb der Hafenbastion Firkas. Schiffsmodelle, nautische Geräte, Darstellungen wichtiger Seeschlachten, Fotos usw. dokumentieren die Geschichte der griechischen Seefahrt. In Raum 3 wird eine hübsche Muschelsammlung gezeigt. ◷ täglich außer Mo 10–14 Uhr.

**\*\*Venezianischer Hafen ❼** mit Janitscharenmoschee und venezianischen Arsenalen. Abends ist die Hafenpromenade Treff für die Vólta: Man geht in Gruppen auf und ab, Familien zeigen ihre herausgeputzten Kinder, man grüßt Freunde und Bekannte und läßt sich später in einem der vielen Cafés nieder. Der „Bilderbuchhafen" bot einst Platz für rund 40 venezianische Galeeren. Gegenüber, an dem Wellenbrecher, an der *Kapelle des Ágios Nikólaos*, richteten Venezianer und Türken die zum Tode Verurteilen hin. Der *Leuchtturm* am Molenende ist ein Überbleibsel aus den Jahren 1830 bis 1840, als Kreta für zehn Jahre den ägyptischen Hilfstruppen zur Ausbeutung überlassen wurde. Sie hatten dem Osmanischen Reich geholfen, den griechischen Aufstand zu unterdrücken. Die *Janitscharenmoschee* (ständig geschlossen) ist das älteste türkische Bauwerk Chaniás; sie wurde 1645, gleich nach der Eroberung der Insel, errichtet.

In den venezianischen Arsenalen haben heute Handwerker ihre Werkstätten, manche sind restauriert und dienen als Ausstellungsräume.

**Kirche Ágios Nikólaos ❽**. Die venezianische San-Nicolao-Kirche wurde – wie in der Türkenzeit üblich – zur Moschee umfunktioniert (nach 1645) und bekam ein Minarett. Nach ihrer erneuten Umwandlung in eine orthodoxe Kirche (nach 1898) ließ man es stehen und benutzte es als Glockenturm.

An der Platane auf dem Kirchplatz wurde 1821 der Bischof von Chaniá, Melchisedek, aufgeknüpft – eine „Präventivmaßnahme" der Türken, die eine Ausweitung des griechischen Aufstands nach Kreta befürchteten. – Eine Oase in der Stadt ist der

**Stadtpark ❾**, der auch einen kleinen Zoo beherbergt. Den Park legte 1870 der türkische Pascha von Chaniá nach dem Vorbild europäischer Gärten an.

## Praktische Hinweise

❶ EOT-Büro in der Kriári 40.

✈ Es fährt kein Linienbus vom Flughafen in die Stadt. Olympic-Airways-Reisende bringt ein Olympic-Bus zum Stadtbüro, Tzanakáki 88.

# CHANIÁ

🚢 Der Passagier- und Handelshafen liegt in der Soúda-Bucht, 6 km außerhalb. Mindestens eine Fähre täglich 18–20 Uhr nach Piräus. Linienbus nach Chaniá und Réthimnon.
🏨 Eine Besonderheit Chaniás sind einige luxuriös renovierte Pensionen in venezianischen Patrizierhäusern, z. B. die **Casa Delfino**, Theofánous 9, ☎ 0821-93098, 📠 96500, Nähe Zambelioú. Ⓢ
Hübsch auch das geschmackvoll eingerichtete **Contessa**, Theofánous 15, mit wertvollen Möbeln, Holzböden und -decken, ☎ 0821-23966. Ⓢ
Etwas abseits vom Rummel des Hafenrunds, am Jacht- und Fischerhafen, liegt direkt am Wasser das renovierte **Porto Veneziano**, ☎ 0821-59311, 📠 44053. Ⓢ
Kleinere, ruhig gelegene Strandhotels in Néa Chóra, 15 Minuten zu Fuß vom Zentrum, z. B. **Elena Beach,** ☎ 0821-97633, 📠 92972. Ⓢ
🏨 **Aeriko,** 20 m östlich der Altstadt am Meer gelegen, bietet ausgezeichnete

*Zwei der sieben erhaltenen venezianischen Arsenale.*

❶ Markthalle
❷ „Ledergasse" Skrídlof
❸ Katholische Kirche
❹ Archäologisches Museum
❺ Venezianische Patrizierhäuser
❻ Nautisches Museum
❼ Venezianischer Hafen
❽ Kirche Ágios Nikólaos
❾ Stadtpark

Polyglott

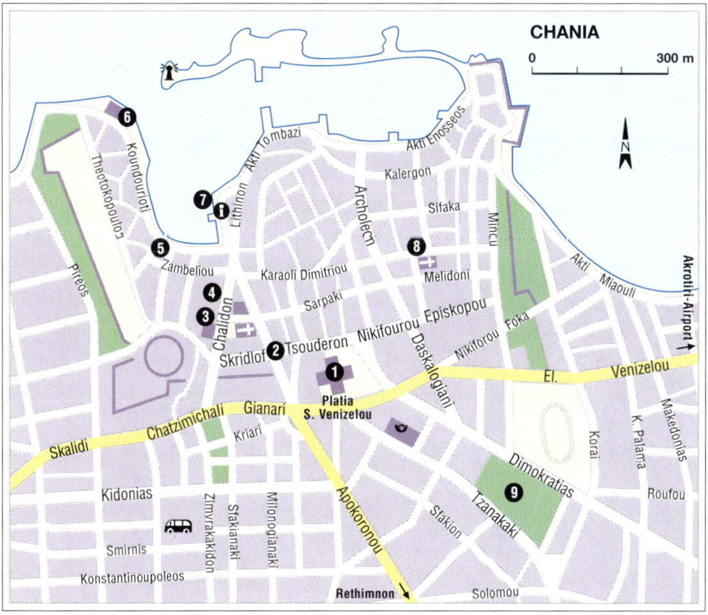

## CHANIÁ

Mezédes. Gute Fischrestaurants findet man in Néa Chóra am Fischereihafen, z. B. das familiär geführte **Africana**, $, am Ende des Strandes. Hübsch und recht gemütlich auch einige Altstadtrestaurants, die in den Kellern venezianischer und türkischer Häuser untergebracht sind, etwa das **Tamam** in einem ehemaligen türkischen Bad (Zambelioú 49) und das **Pafsilon** (etwas versteckt Nähe Platía Venizélou). An dieser Platía auch das wohl einzige noch traditionell bewirtschaftete Kafeníon in dieser Gegend, **Vassílis** – allerdings stehen als Ausdruck der Modernisierung selbst hier schon Cocktails auf der Speisekarte. Alle Restaurants $.

*Nachtleben:* Diskos und Bars gibt es zuhauf hinter der Janitscharenmoschee und am Jachthafen. Kritiká Kéntra mit Lyra-Musik außerhalb der Stadt, z. B. in Mourniés. Ebenfalls außerhalb, in Agiá, das originelle **Tutti frutti**, eine Disko mit Garten und Swimmingpool.

*Einkaufen:* Antiquitätengeschäft hinter dem westlichsten Arsenal. EOMMEX (Staatliches Kunstgewerbedienst), Venizélou 4 (Megaron EMPE).

## Ausflug nach Akrotíri

Auf der Halbinsel *Akrotíri*, nordöstlich von Chaniá, lassen sich Klosterbesuche gut mit einer herrlichen Wanderung kombinieren. Vom Kloster *Agía Triáda* mit seiner klassizistischen Fassade führt die teilweise asphaltierte Straße durch eine Schlucht hinauf zum Kloster *Gouvernéto*. Von dieser festungsartigen Anlage erreicht man über einen Maultierpfad Richtung Meer in ca. 1 Std. die „Bärenhöhle" (Stalaktit in Form eines Bären) und das verlassene Kloster *\*Katholikón*. Hier beeindruckt eine kühne Brückenkonstruktion über einer Schlucht. Wer will, geht 30 Min. weiter zum Meer – Badegelegenheit.

Oberhalb von Chaniá liegen die Gräber des kretischen Staatsmanns Eleftheríos Venizélos und seines Sohnes Sofoklís.

### Das Nato-Raketenschießfeld Akrotíri

Auf der Halbinsel Akrotíri, nahe der Hafenstadt Chaniá, betreiben die USA, Deutschland, Norwegen, Belgien, die Niederlande und Griechenland „Namfi", die „Nato Missile Firing Installation". Das Schießfeld ist das einzige seiner Art in Europa, es besteht seit den Zeiten der griechischen Militärjunta. Hier wird mit „Roland", mit der Kurzstreckenrakete „Lance" und mit den anderen Luftabwehrsystemen der Nato, mit „Hawk", „Nike", „Chaparral" und der noch aus dem Krieg in Afganistan bekannten „Stinger"-Rakete geschossen. Überwacht wird der 20 km lange Schießkorridor von Radarstationen in Iráklion und Santorin.

Ein „Roland"-Schuß mit echter Munition kostet über 150 000 DM. Aus Deutschland sind ständig 200 Richtkanoniere vom Flugabwehrregiment 200 aus München auf Kreta stationiert, 40 Prozent davon Wehrpflichtige.

Seit langem protestiert die griechische Friedensbewegung gegen die Nato-Stützpunkte auf griechischem Boden. Hauptsächlich richten sich die Proteste gegen die USA, die noch einen weiteren Stützpunkt auf Kreta in der Nähe von Iráklion besitzen. Nato-Soldaten - und dann noch von der ehemaligen Besatzungsmacht Deutschland, die so viele Dörfer dem Erdboden gleichgemacht und Frauen und Kinder erschossen hat, – das sieht die kretische Bevölkerung begreiflicherweise nicht gerne. Deshalb erscheinen die Soldaten außerhalb ihrer Kasernen in der Regel in Zivil. Sie haben offenbar Weisung, sich unauffällig zu verhalten.

# Route 1

## Kunst- und Kulturlandschaft Messará-Ebene

Akrotíri: Grab von Eleftherios Venizélos.

**Iráklion – Agía Varvára (Abstecher nach Zarós) – *Górtis – **Phaistós (Festós) – *Agía Triáda – Agía Galíni/Mátala (70 km)

In der Messará-Ebene sind einige der bedeutendsten Sehenswürdigkeiten Kretas konzentriert: die minoischen Paläste von Phaistós (Festós) und Agía Triáda sowie die römische Hauptstadt Górtis.

Die Ruinen von Górtis liegen weit verstreut in den Olivenhainen, so daß die Besichtigung einen schönen Spaziergang einschließt. Ein Bad im Libyschen Meer bei Mátala oder Agía Galíni rundet den Ausflug ab.

Die Route führt zunächst durch das Weinanbaugebiet um Iráklion (Weinsorte: „Malvasier") hinauf zum Paß bei Agía Varvára. Hier zweigt die Straße nach Zarós und Kamáres ab, die entlang der Südhänge des Ída-Gebirges großartige Blicke über die Messará-Ebene und das Asteroússia-Gebirge bietet. In Zarós lohnen ein Forellenessen und eine Wanderung in die grüne Roúvas-Schlucht, deren klares Gebirgswasser einen See und die Becken der Forellenzucht von Zarós speist.

Vom Meer aus weithin sichtbar: der Leuchtturm von Chaniá.

Bei guter Zeitplanung kann die Tour in die Messará-Ebene von Iráklion aus mit dem Linienbus gemacht werden. Wer mit dem Auto fährt, sollte sich mehrere Tage Zeit lassen und den Abstecher nach Zarós unternehmen. Samstags lohnt ein Besuch des Wochenmarktes in Míres.

Die vielen Cafés am malerischen venezianischen Hafen von Chaniá laden zum Verweilen ein.

Polyglott 55

## ROUTE 1

**Agía Varvára,** 30 km. Kurz vor dem Ort liegt rechts der Straße beim Dorf Priniás ein auffälliges Plateau. Darauf lag die Polis Rizinía, deren Funde im „Dädalischen Stil" der kretischen Archaik zu den wichtigsten Objekten des AMI in Iráklion gehören. Ein Spaziergang auf dem Polis-Areal lohnt – jedoch mehr der Sicht als etwaiger Ruinen wegen. Agía Varvára selbst liegt ziemlich genau auf der Wasserscheide zwischen Nord- und Südküste. Ein kretisches Sprichwort sagt sinngemäß: „Ob die Sonne an der Nordküste scheint oder an der Südküste, in Agía Varvára regnet es immer!" Rechts an der Durchgangsstraße befindet sich ein sehenswertes Volkskundemuseum mit traditionellen landwirtschaftlichen Geräten. (Ein weiteres Volkskundemuseum kann man in Vorí bei Phaistós besuchen.) Abstecher nach

*Zarós (3500 Einw.), 15 km. Das Bergdorf liegt am Ausgang der Roúvas-Schlucht. Wanderer können auf einem ausgebauten Pfad von einem künstlichen See mit Taverne bis zu einem Picknickplatz unter Kermeseichen wandern (ca. 5 Std. hin und zurück). Nach 1 km trifft man auf das Kloster *Ágios Nikólaos*, dessen Jahresablauf sich auch heute noch am Julianischen Kalender orientiert. Da es das einzige derartige Kloster auf Kreta ist, leben hier Mönche und Nonnen in zwei Trakten zusammen.

⌂ Berghotel **Ídi** mit alter Getreide-Wassermühle, die noch funktioniert. Im hoteleigenen Teich werden Forellen gezüchtet. Gutes Restaurant.
☏ 0894-31302. ⓢ
⌂ Mehrere Fischtavernen, die frische Forellen und Lachse anbieten (in Zarós befindet sich Kretas einzige Süßwasser-Fischzucht).

*Einkaufen:* Ein Musikinstrumentenbauer hat seine Werkstatt an der Hauptstraße. Er war Gastarbeiter in Deutschland und spricht gut Deutsch.

Wer sich für byzantinische Kunst interessiert, findet in der Umgebung von Zarós in den Kirchen Valsamónero und Vrondísi sehenswerte Malereien im italo-byzantinischen Stil des venezianischen Kreta.

**Kloster Vrondísi.** Vor dem Kloster steht ein venezianischer Brunnen mit Adam und Eva unter dem Paradiesbaum. Darunter spenden vier Wasserspeier, die die vier Paradiesflüsse symbolisieren, köstliches Quellwasser. Die Türken haben Adam und Eva die Köpfe abgeschlagen, erzählt der einzige Mönch des Klosters. Er zeigt auch einen Raum, in dem Fotos an die Hilfe erinnern, die das Kloster den Widerstandskämpfern in der Türkenzeit und während der deutschen Besatzungszeit zuteil werden ließ.

*****Kloster Valsamónero.** Nur die Kirche ist noch erhalten geblieben, das Kloster verlassen. (Schlüssel beim Wärter im 4 km entfernten Vorízia.) Die Kirche ist fast ganz mit Fresken ausgemalt (14.–16. Jh.), die zu den bedeutendsten byzantinischen Kunstwerken auf Kreta zählen, wie der selten abgebildete Akathistos-Hymnus (ein Marienhymnus, der „nicht sitzend", akathistos, gesungen wird), und Szenen aus dem Leben und Sterben Johannes des Täufers.

Beide Klöster verbindet ein Fußweg, der durch eine Schlucht führt. Den Wandergenuß beeinträchtigt allerdings Müll, der von der Straße oberhalb der Schlucht „entsorgt" wurde.

## *Górtis

Die Ruinen der römischen Hauptstadt Kretas, 45 km, liegen verstreut links und rechts der Straße nach Míres. Ein Streifzug durch das Stadtareal lohnt auch über den umzäunten und eintrittspflichtigen Bereich hinaus (s. unten A–C). Man kann auf die Akropolis steigen oder die römisch-kaiserzeitlichen Monumente suchen, die unter den Olivenbäumen der Ausgrabung harren. Man halte sich an die ausgetretenen Pfade, die zu den Spuren eines Theaters und eines Stadions, zu mehreren Heiligtümern und zum riesigen, freigelegten Areal des römischen Prätoriums führen. ◷ Täglich 8–19, Winter 8–15 Uhr.

### Rundgang

**Tituskirche** [A]. Von der Kathedrale aus dem 6. oder 7. Jahrhundert steht allein noch der Altarbereich. Die frühchristliche Basilika hatte drei Längsschiffe und eine Kuppel. Sie barg das Grab des hl. Titus, den der Apostel Paulus auf Kreta zurückließ, damit er die Bevölkerung zu missionierte. Nach dem Ende der arabischen Herrschaft 961 wurde Górtis nicht wieder besiedelt, die neue Hauptstadt Kretas war Iráklion. Dort wurde auch die neue Tituskirche erbaut.

**Odeion** [B] mit dem **„Recht von Górtis"**, dem ersten schriftlich niedergelegten europäischen Rechtssystem. In die hintere Stützwand des römischen Odeions wurden die Blöcke der „Königin der griechischen Inschriften" als Spolien (wiederverwendete Architekturteile) eingebaut. Die Inschrift aus dem 5. Jh. v. Chr. war wohl ursprünglich zur allgemeinen Kenntnisnahme auf der Agóra von Górtis ausgestellt. Auf über 600 Zeilen, die in Großbuchstaben alternierend von links nach rechts und von rechts nach links geschrieben sind (in *ordo boustrophedon*, „wie ein Ochsenpflug, der hin und her zieht"), wurden Gesetze des Privat- und Strafrechts veröffentlicht. Bezeichnend für die gesellschaftlichen Verhältnisse jener Zeit war, daß die Schichten, Klassen und Gruppen für die gleiche Tat unterschiedlich bestraft wurden. So wurde Ehebruch unter Sklaven mit 60 Obolen geahndet, unter Freien aber je nach den Umständen mit 600–1200 Obolen. Heiraten zwischen Sklaven und Freien waren möglich, aber damit auch der Ehebruch. Wenn ein Sklave mit einer Freien Ehebruch beging, wurde er doppelt so hoch bestraft wie der freie Bürger. Wenn man ertappt wurde, kostete das Liebesabenteuer also 1200–2400 Obo-

*Ein Relikt aus römischer Zeit: die Ruinen des Amphitheaters von Górtis.*

A Tituskirche
B Odeion
C Platane
D Theater
E Akropolis
F Isis-und-Serapis-Heiligtum
G Theater
H Nymphenheiligtum
I Thermen
J Amphitheater
K Stadion

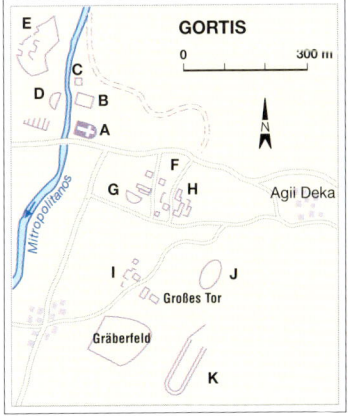

len. Um diese Zahlen einordnen zu können, muß man wissen, daß ein Handwerker, egal ob Bürger oder Sklave, damals etwa drei bis sechs Obolen pro Tag verdiente.

**Platane** [C], seltenes Exemplar einer immergrünen Platane *(Platanus orientalis var. cretica)* – in der Mythologie der Ort der Vereinigung des Zeus in Stiergestalt mit der Europa. Aus dieser Verbindung gingen Minos und seine Brüder Rhadamanthys und Sarpedon hervor.

**Theater** [D] am Akropolishang. Es ist noch nicht freigelegt worden.

**Akropolis** [E]. Von ihr bietet sich ein herrlicher Panoramablick.

**Isis-und-Serapis-Heiligtum** [F]. Die Römer haben zur Absicherung ihrer Herrschaft die Religionen der unterdrückten Völker, hier der Ägypter, einfach übernommen.

Weitere interessante Überreste römischer Repräsentationsarchitektur liegen verstreut im Gelände: ein *Theater* [G], ein *Nymphenheiligtum* [H] mit Prätorium (Sitz des Statthalters), *Thermen* [I], ein *Amphitheater* [J] und ein *Stadion* [K].

---

**Míres,** 53 km, die Hauptstadt der Messará-Ebene, ist eine wenig attraktive Kleinstadt. Sie hat aber samstags einen Wochenmarkt, zu dem die Bauern zum Teil noch auf Eseln anreisen.

## **Palast von Phaistós (Festós)

Von allen kretischen Palästen liegt der Palast von Phaistós, 63 km von Iráklion, wohl am schönsten: auf einem Hügel mit Blick auf die bis zum Frühsommer schneebedeckten Berge des Ída-Massivs und auf die weite Messará-Ebene. Die italienischen Archäologen, die hier seit Anfang des Jahrhunderts graben, haben auf Rekonstruktionen mit Beton und bunter Farbe verzichtet – im Gegensatz zu Evans in Knossós. Sie haben die Ruinen so stehengelassen, daß auch der Tourist deutlich zwischen Älterer und Jüngerer Palastzeit unterscheiden kann.

### Rundgang

**Westhof** [A]. Die Fundamente, über denen der Besucher hier steht, stammen ebenso wie der Hof aus der Älteren Palastzeit. Nach der Katastrophe um 1700 v. Chr. wurde der neue Palast dann etwa zehn Meter nach Osten verschoben errichtet, man steht vor seiner Außenmauer.

**Pithoi** [B]. Sie stehen unter einer modernen Schutzdecke aus Beton und stammen aus der Älteren Palastzeit. Unter den Pithoi dienten Kanäle und Becken zum Auffangen verschütteter Flüssigkeiten.

**Hausmauern und Gassen** [C] der minoischen Stadt, die den Palast einst umgab. Ebenso wie in Knossós, Mália und Káto Zákros ist sie nicht durch eine Mauer vom Palast getrennt.

Ein gepflasterter Weg, der etwas erhöht durch das Häusergewirr führt, gehört zur geometrischen Periode von Phaistós, also zur dorischen Polis.

Monumentaler **Eingang** [D] mit Polythyra, zu dem eine breite Treppe hinaufführt.

„**Thronraum**" [E] mit benachbartem „Lustralbad" und Magazin; die Anlage ähnelt der in Knossós, aber es wurde kein Thron gefunden.

**Magazinräume** [F] mit merkwürdigen (Steinmetz?-)Zeichen an den Anten der Zwischenwände. Manche Pithoi wurden von den Ausgräbern wieder aufgestellt. Auch hier bemerkt man Auffangeinrichtungen für Flüssigkeiten.

**Innenhof** [G]. An seiner Westseite sieht man, vertieft in Karrees, das Niveau des Innenhofes der Älteren Palastzeit.

**Lustralbad** [H].

**Bronzeschmelzofen** [I] mit Schlackespuren (umzäunt).

**Haupteingang** [J] zum Zentralhof.

## ROUTE 1

„**Königliche Gemächer**" [K] mit luxuriöser Ausstattung: Wandverkleidung mit Alabasterplatten, Polythyra, Lichthof.

**Kammern** [L], in denen man Linear-A-Täfelchen und den **Diskos von Phaistós (im AMI) fand. ⓒ Mo–Fr 9–17, Sa, So 9–15 Uhr.

*Selbst in der Hochsaison ein Ort beschaulicher Stille: Agía Triáda.*

---

\***Agía Triáda,** 4 km von Phaistós entfernt, ist ein weiterer minoischer Palast. Einige Archäologen deuten ihn als Villa des Herrschers von Phaistós. Er datiert aus der Jüngeren Palastzeit (1700 bis 1450 v. Chr.). Die Mykener haben später auf die zerstörten Grundmauern ein Megaron (Herrenhaus in der Grundform des griechischen Tempels) gesetzt und neben dem Palastareal eine ganze Stadt mit Läden und Marktplatz errichtet. Hier hört man sogar in der Hochsaison oft nur das laute Zirpen der

A  Westhof
B  Pithoi
C  Hausmauern und Gassen
D  Eingang
E  „Thronraum"
F  Magazinräume
G  Innenhof
H  Lustralbad
I  Bronzeschmelzofen
J  Haupteingang zum Zentralhof
K  „Königliche Gemächer"
L  Kammern

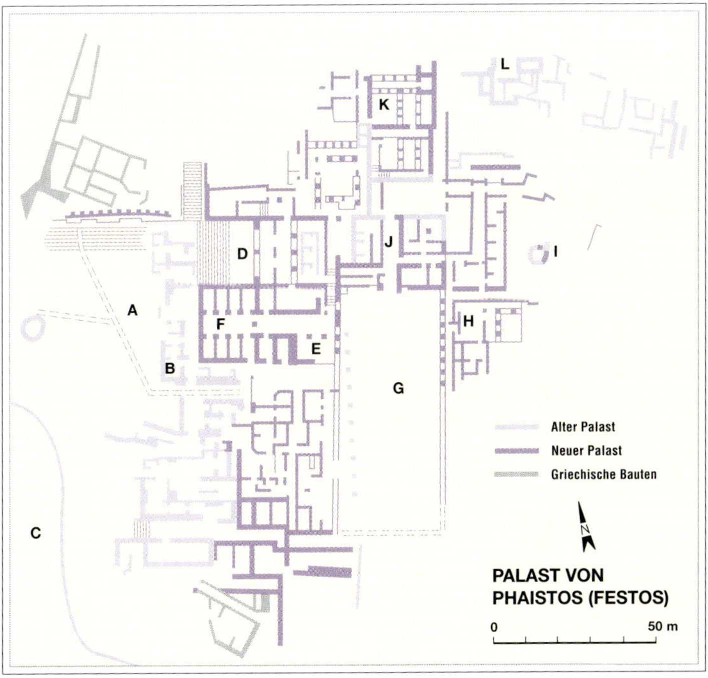

**PALAST VON PHAISTOS (FESTOS)**

Alter Palast
Neuer Palast
Griechische Bauten

0   50 m

Polyglott

Zikaden in den hohen Zypressen.
🕐 Mo-Fr 9-15 Uhr, Sa, So 9-14.30 Uhr.

Die bekanntesten Badeorte der Messará Ebene sind **Mátala** und **Agía Galini**, Orte, die nachmittags viel von den Busausflüglern besucht werden, die vorher Phaistós und Górtis besichtigt haben. In Mátala werfe man einen Blick in die Wohn- und Grabhöhlen, von denen die Felswand, die den Strand begrenzt, regelrecht durchlöchert ist.

Ruhiger geht es im Strandort **Kalamáki** oder – 3 km im Landesinneren – in **Pitsídia** zu. Man wohnt hier in Privatquartieren und nimmt die 3 km Fußweg zum Strand Kommós gern in Kauf.

### Mátala
ⓗ Gut ist das Hotel **Mátala Bay,** etwas landeinwärts, ☎ 0892-42100. Ⓢ
Ganzjährig offen haben das **Eva-Maria,** ☎ 0892-42125, Ⓢ, und das **Frangiskos,** ☎ 0892-42380, Ⓢ. Alle drei sind moderne Ferienhotels.
⚠ Sehr einfacher Campingplatz.
ⓡ Urig, direkt an der Platía **Die zwei Brüder von Mátala** – man spricht Deutsch. In den vielen Strandrestaurants gibt es zwar Fisch, aber die Nachfrage übersteigt das Angebot. Deshalb bei der Bestellung „fresko psari" verlangen und nicht „katapsigmeno psari" (tiefgekühlter Fisch). Ⓢ

### Agía Galini
ⓗ Der wunderschön gelegene Ort scheint nur aus Hotels und Pensionen zu bestehen, die sich am Hang staffeln. Intim und gemütlich mit Blick über Hafen und Meer das **Candia,** ☎ 0832-91203 (ganzjähr. geöffnet). Ⓢ Etwas gediegener die Pensionen **Andromeda,** ☎ 0832-91284, und **Rea,** ☎ 0832-91390. Beide Ⓢ
ⓡ und *Nachtleben:* Diskos, Bars und Frühstückscafés zuhauf.
Das einzige noch traditionell geführte Kafeníon ist das **Synantesis**, mittlere Durchgangsgasse zum Hafen.
⚠ **Camping Agía Galíni** – passabler Platz unter Oliven und Platanen außerhalb des Ortes Richtung Timbáki.

# Route 2

## Kretas bekannteste Hochebene

**Von \*Iráklion oder \*Ágios Nikólaos zur \*\*Lassíthi-Hochebene (45 km)**

Die Schwemmland-Hochebene von \*\*Lassíthi ist bekannt wegen ihrer weißbespannten Windräder, die im Hochsommer Grundwasser zur Bewässerung auf die Felder pumpen — ein schönes Beispiel alternativer Energieerzeugung und ihrer sinnvollen Anwendung. Leider müssen jedoch immer mehr Windräder der Motorpumpe weichen. Von hier aus lassen sich schöne Wanderungen in die Bergwelt des Díkti-Massivs unternehmen, hier lohnt ein Abstieg in die Geburtshöhle des Zeus. Und wer im Sommer die Hitze in den Ebenen nicht mehr erträgt, wird sich in der klaren Bergluft des Hochplateaus wohler fühlen.

Es gibt zwei Zufahrten, eine von \*Iráklion, die andere von \*Ágios Nikólaos. Beide winden sich über zahlreiche Kurven hinauf und überqueren einen Paß mit schönem Ausblick auf die fast kreisrunde, plane Ebene. Alle Dörfer liegen am Rande des Plateaus, um kein kostbares Ackerland durch Haus- und Straßenbau zu vergeuden. Angebaut werden vorwiegend Kartoffeln, Gemüse und Kernobst.

Ab \*Iráklion kann man den Linienbus nehmen, der morgens hin- und nachmittags zurückfährt. Der Linienbus ab \*Ágios Nikólaos kehrt gleich nach Ankunft auf der Ebene wieder zurück, so daß ein Mietfahrzeug braucht, wer länger bleiben will. Oder man übernachtet in einem der Dörfer.

*Zufahrt von \*Iráklion:* Ein kurzer Abstecher zur knorrigen Platane von

## ROUTE 2

*Krássi* ist empfehlenswert. Unter dieser größten Platane Kretas sitzt man sehr angenehm im Kafenion, genießt vielleicht einen Rakí heimischer Produktion und trinkt dazu das gute Quellwasser aus dem venezianischen Brunnen gegenüber. Lohnend ist auch ein Halt am Kloster der *Panagía Kerá*. Seine Fresken (14. Jh.) ähneln denen der Panagía in Kritsá.

\***Zeushöhle von Psichró** (Diktäische Grotte, *Diktäo Ándro*). Eine minoische Kulthöhle mit Stalagmiten und Stalaktiten, in der die Griechen später Göttervater Zeus, der hier geboren sein soll, verehrten.

*Blick auf den Hafen des malerisch gelegenen Ortes Agía Galíni.*

Ein Schlund führt 70 m in die Tiefe, man steigt auf Felsstufen hinab (festes Schuhwerk unbedingt erforderlich).

Höhlen- und Maultierführer bieten auf dem Parkplatz, 20 Gehminuten unterhalb des Höhleneingangs (Eintrittsgebühr), ihre Dienste an und verkaufen auch Kerzen. Besser ist es jedoch, eine Taschenlampe mitzunehmen.

*Der beliebte Ferienort Matála mit seinem berühmten Höhlenstrand.*

**Ágios Geórgios.** Die Hauptsehenswürdigkeit des ruhigen Dorfes ist sein Volkskundemuseum. Es ist untergebracht in einem festungsartigen Dorfhaus des 19. Jhs. – ohne Fenster, denn damals drohten Türkenüberfälle.

Gezeigt werden traditionelle land- und hauswirtschaftliche Utensilien, vom Amboß bis zum Webstuhl. Sehenswert ist auch der Raum, der dem Schaffen Kazantzákis' gewidmet ist. ⓒ Täglich 10–16 Uhr.

🏨 Einfache, aber gute Pension in Tzermiádo, dem grünen Hauptort der Ebene: **Kourites,** ☎ 0844-22194. Das 7-Zimmer-Hotel am Ortsausgang Richtung Tsichró hat ganzjährig offen. $ Etwas bescheidener das nett eingerichtete 7-Zimmer-Hotel **Rea** in Ágios Geórgios, ☎ 0844-31209, mit Restaurant. $ – Ein Restaurant hat auch das kleine Hotel **Dias** (6 Zimmer). $

*Immer wieder ein reizvoller Anblick: die Windmühlen der Lassíthi-Hochebene.*

Polyglott **61**

# Route 3

## Die Nordküste östlich von *Iráklion

*Iráklion – Chersónissos – Mália – **Palast von Mália – *Ágios Nikólaos (70 km)

Diese Route führt durch ein Gebiet, das fest in der Hand des Pauschaltourismus ist. Zwischen *Iráklion und Mália ist Kreta nur wenig attraktiv. Die Bausünden der sechziger Jahre – Hochhaushotels, klotzige Appartementkomplexe, dazwischen Verkaufsbuden und Restaurants, die ohne Entwicklungsplan und ohne Infrastrukturmaßnahmen (z. B. Bürgersteige) in eine agrarisch genutzte Landschaft oder unmittelbar an die laute Durchgangsstraße gesetzt wurden – sind heute kaum mehr rückgängig zu machen. Doch auch diese Route bietet einige Höhepunkte. Der minoische **Palast von Mália ist eine der Hauptsehenswürdigkeiten Kretas, und hier, zwischen Palast und Meer, findet man auch ein Stück unbebauter, naturgeschützter Küste. Noch einsamer ist es im Landschaftsdreieck zwischen Síssi, Ágios Nikólaos und dem Kap Ágios Ioánnis. In den ärmlichen Dörfern dieser Halbinsel leben nur noch Alte und Kinder; die Frauen und Männer im Erwerbsalter arbeiten in den Touristenzentren. Milátos hat sogar noch die viel beschworene Atmosphäre des romantischen Fischerdorfes mit nur wenigen Touristen.

Linienbusse verkehren stündlich zwischen Iráklion und Ágios Nikólaos. Wer das Naherholungsgebiet der Einwohner Iráklions kennenlernen möchte, sollte statt der Schnellstraße die alte Straße, die bis Goúves abwechselnd an der Steilküste und an den Stränden entlang führt, wählen.

**Amnissós,** 8 km, war einst einer der Häfen von Knossós, die Minoer zogen hier ihre Schiffe an den Strand. Heute wirken die Ruinen einer minoischen Villa neben einer Go-Kart-Bahn und einem Reitstall in der Nähe leicht deplaziert.

In diesem „Haus des Hafenkommandanten" fand man das berühmte Fresko mit den Lilien, das jetzt eines der Glanzstücke in der Freskenabteilung des AMI in Iráklion ist.

Die Reste einer weiteren, besser erhaltenen minoischen Villa stehen bei *Nírou Cháni,* 14 km, direkt an der Straße. Hier staunten die Ausgräber einst über ein Großdepot minoischer Bronzeäxte, von denen einige heute im Saal VII des AMI ausgestellt sind.

Zwischen diesen Überbleibseln minoischer Kultur erstrecken sich einige schöne Strände, die im Sommer vorwiegend von Kretern bevölkert sind: der staatliche EOT-Strand bei *Karterós* (Eintrittsgeld, dafür Duschen, Badekabinen, Schatten und ein gepflegter Rasen) und der schmale Strand von *Tobrúk* mit einer guten und preiswerten Fischtaverne.

Bis hierher und mit einem Schlenker zum EOT-Bad fahren die Stadtbusse ab

ROUTEN 2 UND 3

der Platia Eleftherias in Iráklion (im Sommer etwa alle 20 Minuten).

Wer Lust hat, kann die Tropfsteinhöhle der

**Eileithyia** (Ilithiía) besuchen (km 8, Abzweig nach *Episkopí*, dann nach ca. 1 km links unterhalb der Straße am Hang). In der 62 m tiefen Grotte wurde zu Zeiten der Minoer eine Fruchtbarkeits- und Muttergottheit verehrt, die für komplikationslose Geburten sorgen sollte. Eileithyia bedeutet soviel wie „die (zu Hilfe) kommt". Bei den Christen hat die Panagía die Funktion der Geburtshelferin übernommen.

Zum Besuch der Höhle braucht man eine Erlaubnis, für die man im AMI vorsprechen muß. Taschenlampe mitnehmen!

Etwa 2 km hinter Iraklión stehen links der Straße die Kasernen der amerikanischen Basis von Goúves (km 20). Die Soldaten zeigen sich außerhalb der Anlage nicht in Uniform und fahren auch nicht in Konvois durchs Land. Diese gewollte Unauffälligkeit darf als Indiz dafür genommen werden, daß die Präsenz der Amerikaner auf Kreta von der Bevölkerung nicht gern gesehen wird.

*Ein in ländlichen Gebieten nach wie vor vielgefragtes Arbeitstier: der Esel.*

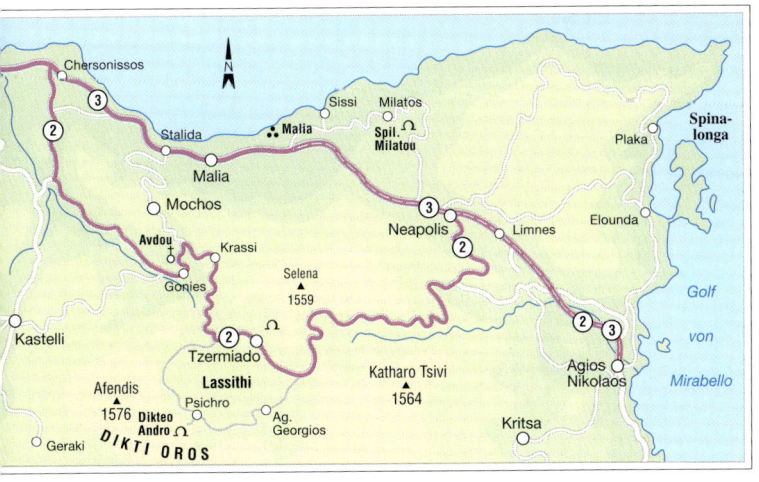

## ROUTE 3

**Chersónissos,** 26 km, war einst ein gemütlicher Fischerhafen – daher heißt der Ort eigentlich Limín („Hafen") Chersoníssou. Heute ist Chersónissos im Winter eine Geisterstadt, im Sommer hingegen ein quirliger Hort des Pauschaltourismus mit Hotels und allen möglichen Läden. Freunde frühchristlicher Kunst können am Hafen die Fußbodenmosaiken zweier Basiliken besuchen (das eine Mosaik auf dem Gelände des Hotels „Nora", das andere, umzäunt, am Hafen). Freunde kretischer Volkskunde das Privatmuseum „Lychnostates", 500 m östlich vom Zentrum (täglich außer Mo 9.30 bis 14 Uhr).

Chersónissos hat zwei berühmte Luxushotels, in deren Gartenanlagen man von der Landschaftszerstörung ringsum nicht viel merkt. Ein Klassiker der Luxushotellerie Kretas ist das 1000-Betten-Haus **Creta Maris** mit Strandhotel und separaten Bungalows, die ägäischer Architektur nachgestaltet sind. ☎ 0897-22115, 📠 22130. Das erst 1991 eröffnete **Knossos Royal Village,** wurde, wie der Name schon sagt, einer minoischen Königsstadt nachempfunden. ☎ 0897-23375, 📠 23150. Beide $$). Preisgünstiger übernachtet man in der ruhigen Familienpension **Erato** in Goúrnes, ☎ 0817-61277. $ **Taverna Pharos** auf dem Kap am Fischerhafen bietet gute Mezédes und einen weiten Blick aufs Meer. $

**Mália,** 34 km, ist ebenfalls ein Zentrum des Pauschaltourismus, doch hier finden Neugierige rechts der Straße immerhin noch den alten Ortskern mit Kirche, Platía und schönen Dorfhäusern.

Vor dem flachen Sandstrand von Mália liegt malerisch auf einer Insel die weiße Kapelle des Ágios Nikólaos, des Heiligen der Seefahrer.

Doch Vorsicht vor eventuell tückischen Strömungen, die die Badenden hier aufs offene Meer hinaustreiben! Jedes Jahr lassen hier einige Touristen, die in Panik geraten, ihr Leben.

Das moderne Großhotel **Hellenic Palace** (134 Zimmer) liegt direkt am Strand zwischen Mália und Síssi. $)) Wer dem organisierten Tourismus entfliehen möchte, kann sich ins weniger besuchte Síssi zurückziehen. Die Lokale in Mália wie in Chersónissos bieten in der Regel unterdurchschnittliche Qualität bei überdurchschnittlichen Preisen. Relativ gut und auch preiswert ißt und trinkt man in der Fischtaverne **Malia Port** am alten Hafen und in den Tavernen im alten Ortskern rund um die Platía. Hier wird auch noch offener Landwein ausgeschenkt. $ – Besser bedient wird man jedoch außerhalb Málias, zum Beispiel am Hafen von Síssi oder in Milátos (10 km bzw. 20 km östlich) oder sogar in der Schnellstraßenraststätte **Latsida** am Tunnel zwischen Mália und Ágios Nikólaos. Ihre Spezialität sind Schnecken und Souvláki. $

## **Palast von Mália

Der drittgrößte minoische Palast liegt 37 km von Iráklion entfernt, abseits der Hauptstraße zwischen Olivenhainen und der unbebauten Nordküste. Die französische archäologische Mission gräbt hier (mit Unterbrechungen während und kurz nach dem Zweiten Weltkrieg) bis heute. Erst in den letzten Jahren wurde als neue Attraktion von Mália die Wohnstadt freigelegt, die man in keiner anderer Palastausgrabung so gut erhalten sehen kann. Der griechische Staat hat mit EG-Beihilfe große, avantgardistisch anmutende hölzerne Schirmdächer errichtet, um die empfindlichen Ruinen vor Regen und Touristenfüßen zu schützen.

### Rundgang

**Westhof** [A] mit erhöhten Prozessionswegen.

**Magazintrakt** [B] mit vier runden Getreidesilos.

**Kernos** [C], ein Opferstein. Die Minoer legten in die 34 kleinen und zwei großen Mulden, vermutlich als Weihgeschenk an die Große Göttin, Erstlingsgaben, verschiedene Samen, Brot, Wolle oder Olivenöl. Im Palast fand man zwei weitere Opfersteine dieser Art.

**Innenhof** [D] des Palastes mit Brandaltar („Eschara") in seiner Mitte. Auf den erhalten gebliebenen Ziegelsteinen lag einst ein Rost, auf dem Fleischstücke gebraten wurden.

**Magazine** [E] mit Pithoi.

**„Pfeilerkrypta"** [F]. Die hier gemachten Funde deuten darauf hin, daß dies ein wichtiges Heiligtum war.

Sogenannter **Thronraum** [G], in dem wertvolle Funde gemacht wurden, z. B.

A Westhof
B Magazintrakt
C Kernos
D Innenhof
E Magazine
F „Pfeilerkrypta"
G Thronraum
H Halle
I Umbau
J Nordhof
K Wohnräume
L Magazine

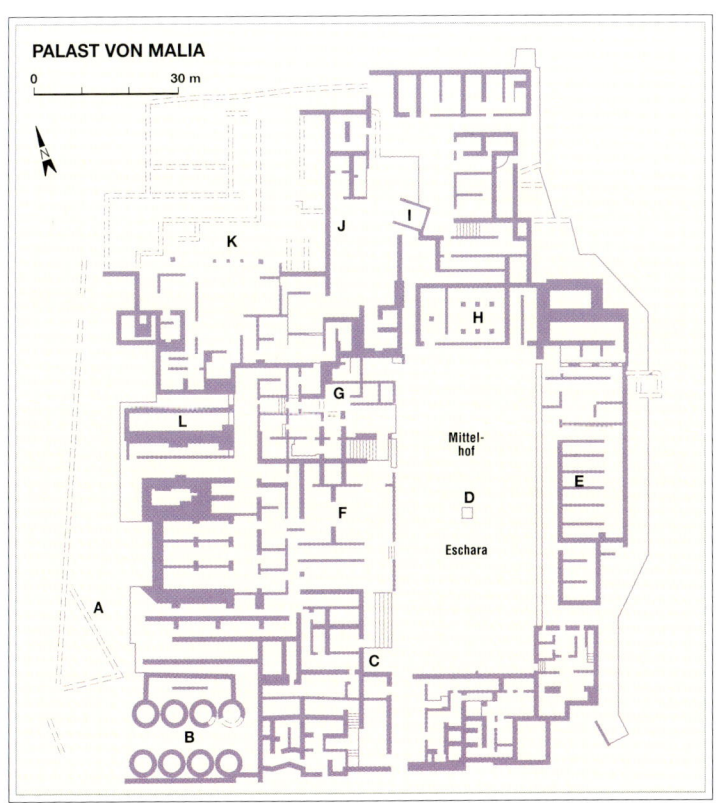

Polyglott **65**

ein Zepter mit Pantherkopf (jetzt im AMI in Iráklion).

**Halle** [H] mit starken Pfeilern, die entweder als Küche oder als Festsaal gedeutet wird.

**Umbau** [I], ein schräggestelltes Gebäude aus mykenischer Zeit.

**Nordhof** [J], an den im Norden und Osten Magazine und Werkstätten anschließen.

**Wohnräume** [K] mit Garten.

**Magazine** [L].

Nördlich des Palastes liegen die Reste eines Gebäudekomplexes, den die französischen Archäologen analog zum Marktplatz der griechischen Polis „Agorá" tauften. Sehenswert darin ist ein eingetiefter Raum mit umlaufenden Bänken, dessen einstige Funktion indes unklar ist ("Crypte hypostyle").

🕒 Täglich 9–15 Uhr. Sehr sachkundige Führung in fließendem Deutsch durch Giorgos Pothos, einem kretischen Reiseleiter und Palastführer.

🚌 Die Autobusse Iráklion–Ágios Nikólaos verkehren stündlich und halten an der Abzweigung zum Palast. Dann noch 1 km zu Fuß.

🍴 Es gibt am Palast in Mália kein Restaurant, bisweilen aber einen Imbißwagen.

Eine schöne Wanderung führt vom Palast querfeldein zur Küste und weiter an den Klippen und Stränden entlang nach *Síssi* (1,5 Std.). An der Küste passiert man die Ruinen der „Goldgrube" *Chrissólakkos*, des Friedhofs von Mália, wo die berühmten goldenen „Bienen von Mália", eine Grabbeigabe, gefunden worden sind (Kopien davon kann man in allen Juwelierläden kaufen). Das nahe Sumpfgebiet ist Brutplatz vieler Vögel.

Vorbei an *Neápolis*, von wo aus die Straße über viele kleine Dörfer auf die Lassíthi-Hochebene führt, erreicht man schnell

*Ágios Nikólaos, 70 km, s. S. 44.

# Route 4

## Kretas wilder Osten

*Ágios Nikólaos – *Gourniá (Abstecher nach Ierápetra) – Sitía – *Tploú – *Vaï – **Káto Zákros (120 km)

Die kurvenreiche Schnellstraße, die von *Ágios Nikólaos (s. S. 44) um den Mirabéllo-Golf herum nach *Sitía* führt, bietet die schönsten Panoramen Kretas. Weit unterhalb der Straße glitzert das blaue Meer, in der Ferne leuchten die weißen Häuser von Ágios Nikólaos, der Horizont verschwindet im ägäischen Dunst. Die der Küste vorgelagerten Inseln *Móchlos und Psíra* waren einst minoische Siedlungsplätze.

Hinter Sitía ändert sich das Bild. Die Vegetation wird karger, das Land kahler: eine Mondlandschaft mit sanft geschwungenen Hügeln. Kilometerweit liegt die Gegend wie ausgestorben da; verlassene, zerfallende Häuser zeugen von der Landflucht nach Iráklion, nach Athen oder in die Industriestaaten.

Wie Oasen in der Wüste wirken der *Palmenstrand von *Vaï* und das Gebiet um den **Palast von *Zákros* am Ausgang des „Tals der Toten" mit seinen Bananenplantagen. In der Hochsaison sind diese Orte allerdings stark überlaufen. Außerdem liegen an dieser Route das „minoische Pompeji", *Gourniá*, die geruhsame, einst venezianische Hafenstadt Sitía und das festungsartig angelegte *Kloster *Tploú*.

Die Tour kann mit Linienbussen unternommen werden, dauert dann aber mindestens zwei Tage (Zwischenübernachtung in Sitía, Palékastro, Zákros oder Káto Zákros). Allerdings fahren die Busse nur in der Hochsaison bis

## ROUTE 4

hinunter nach Káto Zákros, zu den anderen Zeiten endet die Linie im oberen Zákros (Páno Zákros).

*Gourniá, 19 km. Das „minoische Pompeji" liegt auf einem Hügel in Meeresnähe, dort, wo an der „Wespentaille" Kretas einst der minoische Landweg in das nur 14 km entfernte Ierápetra an der Südküste führte. Steht bei den meisten minoischen Ruinen die Palastkultur im Zentrum des Interesses, so ist es hier die Alltagskultur. Freigelegt wurde eine „Stadt der kleinen Leute" aus der Jüngeren Palastzeit, mit Wohnhäusern, Werkstätten und Läden.

Gourniá wurde nach urbanistischen Gesichtspunkten angelegt: Zentrum ist ein Versammlungsplatz oben auf dem Hügel, daneben ein sogenanntes Herrenhaus und ein Heiligtum. Gepflasterte Straßenzüge trennen die einzelnen Viertel voneinander. Die Häuser waren zwei- bis dreistöckig und ineinander verschachtelt. Im Erdgeschoß kam das Vieh unter, und hier lagerten auch die Vorräte; oben waren die Wohnräume.

An Hohlräumen im Mauerwerk erkennt man, daß Fachwerk verwendet wurde. Hin

*Weit schweift der Blick über den malerischen Golf von Mirabéllo.*

*Die Ruinen von Gourniá, dem „minoischen Pompeji".*

Polyglott

## ROUTE 4

und wieder sind Tränken (griech.: *gournes*) für das Vieh im Boden eingelassen, daher hat die Stadt ihren (nichtminoischen) Namen. Gourniá wurde zeitgleich mit Knossós zu Beginn dieses Jahrhunderts ausgegraben. Leiterin der Grabung war eine Frau, die Archäologin Harriet Boyd-Hawes. Das war damals in der männerbeherrschten Archäologie eine kleine Sensation: Alle Welt interessierte sich nur für Evans und seine Palastkultur, von den Zeugnissen des Alltags, dazu noch von einer Frau ausgegraben, wollte man weniger wissen.

### Abstecher nach Ierápetra

**Ierápetra** (9000 Einw.), 14 km, die viertgrößte Stadt Kretas und die südlichste Europas, wirkt in seiner modernen Bausubstanz zunächst wenig anziehend. Erst später entpuppt sich Ierápetra als ein recht attraktiver Urlaubsort: ein kleines Stück Altstadt mit einer Moschee und dem städtischen Sandstrand, an dem Fischer unter Tamarisken ihre Netze flicken und in dessen Tavernen man schön kontemplieren kann. Kunst- und Geschichtsinteressierte finden ein kleines archäologisches Museum und eine venezianische Festung vom Beginn des 13. Jhs. Im Museum befinden sich lokale Funde; beeindruckend ist der große Kalksteinsarkophag aus Episkopí mit Abbildungen kretischer Wildziegen. Gute Bademöglichkeiten bietet der kilometerlange Sandstrand am östlichen Ortsende.

❶ Im Rathaus, ☎ 0842-28658.
🚌 Vom Busbahnhof Odós Georgiou Mírtos und Makrigialos. Zweimal täglich bedient ein Bus auch die Südküstenroute über Viánnos nach Iráklion.
🏨 Gehobene Strandhotel-Klasse:
**Lyktos Beach,** 7 km außerhalb, mit guten Tennisplätzen, ☎ 0842-61280, 📠 61318. ⓢ))
**Petra Mare** am östlichen Stadtende, direkt am Strand, mit 219 Zimmern, Swimmingpool und guten Wassersportmöglichkeiten. ☎ 0842-23341/9, 📠 22412. ⓢ))
**Lygia** in einem Seitengäßchen der Odós Ryrba, ☎ 0842-28881, oder – gleich in der Nähe, in der Odós Micháli Kóthridas – das moderne Strandhotel **Camiros,** ☎ 0842-28704.
Beide ⓢ
🏨 Gute Qualität im **Gorgona,** Nähe Festung. ⓢ – Unter den zahlreichen Bars und Tavernen an der Promenade ragt das **Akropolis** heraus, das abwechslungsreiche und gute Küche zu angemessenen Preisen bietet. ⓢ)

Westlich und östlich von Ierápetra gibt es einige schöne Strände und wenig besuchte Fischer- und Bauernorte, die im Sommer vorwiegend von Rucksacktouristen bevölkert sind:

**Mírtos,** 12 km westlich. Zwei Kilometer östlich vom Ort liegt auf dem Hügel Foúrnou Korífi eine sehr interessante Ausgrabungsstätte: eine Kleinstadt aus der Vorpalastzeit, in der eine Sippe von vielleicht 200 Leuten in ca. 90 ineinander verschachtelten Räumen lebte. Ein „Herrenhaus" hat man nicht gefunden, die Bevölkerung lebte in jener Zeit vor der Staatsentstehung offenbar noch in urdemokratischen Verhältnissen.

Wanderlustige können die Sarakina-Schlucht durchwandern, die an ihrer engsten Stelle an die Samariá-Schlucht erinnert (Anfahrt über Míli und Máles).

🏨 **Mírtos,** ☎ 0842-51215, hat ganzjährig geöffnet und liegt mitten im Ort. ⓢ
**Esperides.** Dieses Hotel ist neueren Datums und beste Adresse in Mírtos ☎ 0842-51207, mit Swimmingpool. ⓢ
🏨 Zahlreiche Tavernen liegen direkt am Strand.

**Árvi,** 42 km westlich von Ierápetra, liegt am Ausgang einer Schlucht umgeben von Bananenfeldern und Gewächshäusern. Das Dorf ist relativ reich. Ohne den Umweg über Ierápetra erreicht man es direkt von Iráklion aus (82 km).

Ⓗ **Ariadni,** ℡ 0895-31200, klein, nur 14 Zimmer. Ⓢ.

**Keratokámbos,** 52 km westlich von Ierápetra, ist umständlich zu erreichen und daher wenig besucht. Unterkunft findet man in Privatzimmern.

Östlich von Ierápetra erstreckt sich der Strand von

**Makrígialós,** 25 km. An dem kilometerlangen Strand gibt es Restaurants und Privatzimmer.

🚢 Im Sommer fahren Ausflugsdampfer ab Ierápetra und Makrígialós zu den Inseln *Chríssi* und *Koufoníssi* mit ihren wacholderbewachsenen Dünen, Stränden mit feinstem Pulversand und glasklarem Wasser. Beide Inseln sind unbewohnt, aber Robinsonnachahmer können hier zelten. Eine Taverne ist vorhanden, so daß man weder verhungern noch verdursten muß.

*Gasse mit Meerblick in dem weißen Städtchen Sitía.*

Die Fahrt von Gourniá nach Sitía berührt die Aussichtsterrasse *Ágios Nektários* (33 km): schönes Panorama des Mirabéllo-Golfes, tief unten blinkt das blaue Meer. An der gegenüberliegenden Straßenseite befinden sich eine Quelle mit gutem Trinkwasser, eine Kapelle und zwei Restaurants.

**Sitía** (8000 Einw.), 73 km. In der weißen Kleinstadt am Meer geht es gemächlich zu. Sitía hat keine spektakulären Sehenswürdigkeiten und keine guten Strände zu bieten, so daß sich selbst in der Hauptsaison nur wenige Touristen hier länger aufhalten. Zentrum der Stadt ist die Platía am Hafen mit ihren Cafés und Tavernen, oberhalb des Ortes steht weithin sichtbar die venezianische Festung *Kasárma* (von ital. *casa di arma*). Zwei Museen können besichtigt werden, sind aber nicht unbedingt ein Muß: ein archäologisches Provinzmuseum an der Ausfallstraße nach Piskokéfalo mit Funden aus der Umgebung und ein Volkskundemuseum an der Staße nach Ágios Nikólaos mit landwirtschaftlichen Geräten, Hausrat und Webarbeiten.

*Einsam in der Landschaft liegt die Klosterfestung Toploú.*

*Eine alte Mühle im malerischen Toplaí.*

## ROUTE 4

**❶** Platía Iróon Politechníou, ☎ 0843-24955.

🚌 Vom Busbahnhof in der Odós Ítanos etwa stündlich nach Vaï und Zákros sowie Richtung Iráklion.

✈ Nur Inlandsflüge (Athen, Kárpathos und Rhodos). Vom Büro der Olympic Airways, Venizélou 56, Transferbusse zum Flughafen.

🚢 Zirka zweimal wöchentlich nach Kárpathos und Rhodos sowie über Santorin nach Piräus.

🏨 Außerhalb der Stadt Richtung Vaï das 160-Zimmer-Strandhotel **Helios Club,** ☎ 0841-28821, 📠 28826. $)))
Mehrere durchschnittlich ausgestattete C-Klasse-Hotels, am besten das **Krystal** in der Kapetán Sífi in Hafennähe, ☎ 0841-22284. $).
Am Stadtrand (Feldweg beim Archäologischen Museum) das **Finikas,** ☎ 0843-24955. $

🍴 Einfaches, traditionelles Estiatórion in der Kornárou 27. $
**Sorbas,** am Hafen, Platía K. Zotou, hat eine große Auswahl an Speisen. Hier wird auch der lokale Wein „Agrilos" ausgeschenkt (weiß, rosé und rot). $

*Einkaufen:* An der Hauptstraße nach Vaï und in Sitía selbst (Kornárou 118) stellt **Jannis Pottery** seine Gefäße aus. Hausgemachten Rakí kann man in der Schnapshandlung **Kokolákis,** Kornárou 100, kaufen.

*Toploú, 94 km. Die Klosterburg liegt in der unbesiedelten Mondlandschaft des wilden Ostens Kretas. Der Name des Klosters leitet sich von türkisch „top" („Kanone") her. In der Klosterkirche befindet sich eine sehenswerte Ikone mit miniaturhaften Darstellungen, die an die naive Bauernmalerei Brueghels erinnern. Sie trägt den Titel: „Allmächtig bist Du, Herr" (griech.: Megás o kyrie).

Ein Laden auf dem Klostervorplatz verkauft Reproduktionen von Ikonen, und es gibt auch ein Café. Kundschaft kommt genügend vorbei, denn Toploú wird regelmäßig bei den Busausflügen nach Vaï und Káto Zákros angefahren. Oberhalb des Kloster ist kürzlich der erste Windenergiepark Kretas errichtet worden. ⏲ 9–13 und 14–18 Uhr.

**Vaï,** 105 km. Ein schöner Sandstrand, der im Sommer durch zahlreiche Tagesgäste sehr belebt ist. Unterkunftsmöglichkeiten gibt es hier nicht, denn Vaï ist wegen einer einzigartigen Natur-Sehenswürdigkeit geschützt: Eine endemische Palmenart, *Phönix theophrasti* (weil sie schon von Theophrast erwähnt worden ist), bildet hier einen Hain. In ganz Griechenland wächst die Theophrast-Palme nur auf Kreta wild.

Nördlich von Vaï gibt es noch weitere, ebenso schöne, aber weniger besuchte Strände, jedoch ohne Infrastruktur.

🚌 Linienbus nach Sitía.
🏨 Es gibt in Vaï keine Unterkunftsmöglichkeiten.
🍴 Mehrere Restaurationsbetriebe sorgen für das leibliche Wohl der zahlreichen Ausflügler.

Die Straße von Vaï über Palékastro zum Palast von Káto Zákros, 118 km von Iráklion, führt durch eine der ärmsten, weil trockensten Gebiete Kretas.

Viele Dörfer sind zu großen Teilen verfallen, ihre Bewohner leben heute in Iráklion, Athen oder Sydney. Nur Alte und Kinder sind zurückgeblieben. Eine Ausnahme ist allein das Dorf Páno („das obere") Zákros, das es dank des touristischen Durchgangsverkehrs und einer stark sprudelnden Quelle zu einem gewissen Wohlstand gebracht hat. Dieses Quellwasser hat im Laufe der Jahrtausende das

**„Tal der Toten"** gebildet, so genannt, weil die Minoer in den Felshöhlen ihre Toten bestatteten. Eine Wanderung in diesem gewaltigen Cañon lohnt ohne Frage, Einstieg ist 3 km hinter dem Ortsende von Páno Zákros. Der zweistündige Weg ist mit roten Punkten bezeichnet und führt auf dem Schluchtgrund längs des Baches bis zu den Bananenplantagen des Schwemmlandes an der Bucht von Káto Zákros (dann links abbiegen zum Palast), wo ein fast subtropisches Klima herrscht.

## **Palast von Káto Zákros

Vaï kennt man vor allem wegen des berühmten Palmenstrandes.

Der vierte ausgegrabene minoische Palast Kretas (es gab noch andere, die aber noch nicht vollständig freigelegt sind) lag einst direkt am Meer. Heute verläuft die Küstenlinie ca. 80 m weiter östlich, bedingt durch das Schwemmland des Flusses, der durch das „Tal der Toten" fließt. Die Lage im Osten Kretas war handelspolitisch besonders günstig. Auf dem Seeweg waren die „Märkte" Ägyptens und des Vorderen Orients von hier aus am schnellsten zu erreichen. Gefunden wurden Elfenbeinzähne und andere Exotika, offenbar Importe aus Übersee. Nachdem Archäologen hier schon lange eine Residenz vermutet hatten, begann der Engländer D. H. Hogarten 1901 mit ersten Grabungen. Systematische Grabungen unternahm ab 1962 Nikólaos Platon. Bis heute sind rund 100 Räume ausgegraben. Die vielen kostbaren Funde – der Palast ist als einziger nie geplündert worden – sind im AMI in Iráklion.

Das „Tal der Toten".

Der Bau zeigt die typischen Merkmale der Palastarchitektur: Innenhof, Lustralbäder, Magazine, Pfeilerkrypten und Polythyra. Anders als in Knossós wurde hier auch die Wohnstadt mit freigelegt. In einem der zahlreichen Wasserbecken auf dem Palastareal hat man über 3000 Jahre alte Oliven gefunden. Eine Seltenheit ist auch der Bronzeschmelzofen am Eingang.

An der Bucht von Káto Zákros kann man sich von den Strapazen des Fußmarsches erholen.

Durch Kanäle, die zu- und abgedeckt werden konnten, wurde die Luftzufuhr zum Bronzeschmelzen gesteuert. Holzkohle und Erz wurden dazu schichtweise im Ofen gestapelt. Das flüssige Metall konnte durch eine Tülle abfließen.
🕓 Täglich 9–17 Uhr.

🍴 Die Tavernen am Strand von Káto Zákros vermieten auch Zimmer.

Landeinwärts liegen die Reste des Palastes von Káto Zákros.

# Route 5

## Ins Ída-Massiv

*Iráklion – *Tílisos – *Anógia – Nída-Hochebene – *Ída-Gebirge (54km)

Diese Bergtour führt zunächst über *Tílisos mit seinen minoischen Villen nach *Anógia. Aus diesem größten kretischen Bergdorf stammen bedeutende Lyra-Spieler und Partisanen, und ähnlich wie in Kritsá werden hier Webarbeiten hergestellt. Eine nur teilweise asphaltierte Straße zieht hinauf auf die Nída-Hochebene, auf der Schafzüchter ihre Mitata (Käsereien samt Pferch und Schlafstätten, die nur im Sommer genutzt werden) unterhalten. Von hier aus läßt sich der höchste Berg Kretas, der Psilorítis (2456 m), an einem Tag besteigen. Zwei andere, ebenso lohnende Wanderrouten führen auf einem Maultierpfad quer durchs Gebirge nach Kamáres und durch die Roúvas-Schlucht nach Zarós (je 5–6 Std.).

Bis Anógia fahren mehrmals am Tag Linienbusse. Hinauf zur Nída-Hochebene geht dann ein Taxi.

*Tílisos, 14 km. Wer sich minoische Hausruinen einmal in aller Ruhe anschauen möchte, ist hier richtig. Die Ausgrabungsstätte liegt still unter Pinien, im Sommer hört man allein das Zirpen der Zikaden. Von der minoischen Stadt sind bisher nur drei gutherhaltene villenartige Stadthäuser der Jüngeren Palastzeit ausgegraben worden (Häuser A, B und C). Sie wurden in den Jahren 1902–1913 von J. Chatzidákis freigelegt. Weitere Häuser, auch die der Ärmeren, liegen unter dem heutigen Tílisos. Nach dem Friedhof, der erfahrungsgemäß die reichsten Funde, Grabbeigaben, verspricht, suchen die Archäologen noch.

Die Villen zeigen die typischen Merkmale gehobener minoischer Architektur: monumentale Eingangsbereiche mit Polythyra, Lustralbädern, Pfeilerkrypten und Magazinen sowie Toiletten mit Wasserspülung (zum Beispiel im Südtrakt von Haus A).

Aufmerksame Betrachter erkennen, daß die Villen auf älteren Mauerzügen errichtet sind. Sie gehören zu Vorläuferbauten der Älteren und der Vorpalastzeit. An der Nordostecke von Villa C dagegen überschneidet eine große, runde Zisterne mit Treppe den Lichthof, es handelt sich um einen späteren mykenischen Umbau der Anlage.

Ein paar Meter westlich der Zisterne steht ein klassischer Altar in einem Temenos. Somit reicht die Siedlungskontinuität von Tílisos von der Vorpalastzeit bis zur klassischen Zeit, umfaßt also rund 1500 Jahre.

Das heutige Tilisos ist ein uriges Weinbauerndorf mit lauschiger runder Platía, wo man gut sitzen und Betrachtungen über das kretische Dorfleben anstellen kann. Nur wenige Touristen verirren sich hierher.

**Slavókambos,** 22 km. Am Ausgang einer Schlucht, durch die die Straße nach Anógia führt, liegt direkt links der Straße das Ausgrabungsfeld einer einzelnen minoischen Villa. Entdecker und Ausgräber war Spiridon Marinátos, der später durch die spektakuläre Ausgrabung des minoischen Akrotíri auf Santorin bekannt geworden ist.

Zu erkennen sind ein Polythyron und eine Pfeilerkrypta. Der schlechte Zustand der Ausgrabung geht auf deutsche Soldaten zurück, die die Mauern im Zweiten Weltkrieg verwüsteten.

*Anógia (2500 Einw.), 34 km. Das große kretische Bergdorf liegt auf 70 m Höhe an den Hängen des Ida-Massivs. Ein Aufenthalt lohnt der klaren, frischen Bergluft wegen, aber auch, um Wanderungen zu unternehmen. Die Straße führt eine schöne Allee entlang direkt auf den Rathaus- und Kirchplatz des oberen Anógia. Auf dem Platz erinnert ein Kriegerdenkmal, ein Kreter mit Säbel und Muskete, an die Revolten gegen die Turkokratie.

Doch Widerstand leisteten die Anógianer auch gegen deutsche Besatzer im Zweiten Weltkrieg. Am 15. August 1944 wurde das Dorf bis auf die Grundmauern von deutschen Truppen zerstört. Alle Männer, deren die Deutschen im Umkreis von zwei Kilometern habhaft werden konnten, wurden hingerichtet.

*Von Pinien umgeben: die minoischen Häuserruinen von Tílisos.*

Heute besucht man als Deutscher Anógia mit einem Gefühl der Beklemmung. Doch die Anógianer stehen den Touristen nicht nachtragend gegenüber, kommen sie doch nicht mehr als Eindringliche, sondern als Gäste. Außerdem gelten deutsche Touristen als zahlungskräftig, was wiederum dem Hauptwirtschaftszweig Anógias, der Weberei, zugute kommt.

*In Anógia kann man geschmackvolle Webwaren erstehen.*

## Die Zerstörung von Anógia

Wie kam es zu dieser gräßlichen Tat? Im Sommer 1944 befand sich die deutsche Wehrmacht an allen Fronten auf dem Rückzug. In Griechenland und besonders auf Kreta versuchten Partisanen, den Rückzug zu beschleunigen. Auf Kreta hatte ein spektakuläres britisch-kretisches Kommandounternehmen auf sich aufmerksam gemacht. Die Partisanen hatten es am 26. April fertiggebracht, den deutschen Oberkommandierenden der Insel, General von Kreipe, auf der Fahrt vom Hauptquartier in Archánes zu seiner Dienstwohnung, der „Villa Ariadne" bei Knossós, zu entführen. Sie zogen mit ihrer Beute durch Anógia und dann über das Ída-Massiv nach Préveli, wo sie von einem britischen Schnellboot am 15. Mai abgeholt und nach Alexandria verschifft wurden. Die Viehzüchter von Anógia, die ihr Gebirge und seine zahlreichen Höhlen wie ihre Proviantasche kannten, halfen den Entführern, nicht entdeckt zu werden. In den knapp drei Wochen zwischen der Entführung und der Evakuierung durchkämmten die Deutschen mit ca. 30 000 Mann das Ída-Gebirge, zusätzlich wurden Flugzeuge mobilisiert. Eine Gedenktafel am Rathaus erinnert an die Zerstörung Anógias; auf einer Alabasterplatte ist der Tagesbefehl, das Dorf niederzubrennen, eingraviert. Zum Wiederaufbau Anógias in der Nachkriegszeit haben Amerikaner beigetragen. Die deutsche Bundesregierung hat sich bisher für die Untaten der Wehrmacht auf Kreta als nicht zuständig erklärt.

Eine weitere Tradition Anógias ist die Musik. Berühmte Lyra-Spieler wie (der verstorbene) Nikos Xilouris, sein Bruder Psarantonis („Fischeranton") oder Vassilis Skoulas stammen von hier. Mit dieser Musiktradition hängt es wohl auch zusammen, daß in Anógia regelmäßig „kretische Abende" für Touristen organisiert werden, die busweise von der Nordküste heraufgefahren werden und bei dieser Gelegenheit auch Webarbeiten kaufen.

🏨 *Psilorítis*, einfaches kleines Hotel an der Hauptstraße nach Iráklion, ☎ 0834-31231. $

*Einkaufen:* Ähnlich wie in Kritsá in Ostkreta stellen die Frauen der Viehzüchterfamilien Webarbeiten her, die künstlerisches Niveau erreichen. Verkauft werden die Arbeiten hauptsächlich rund um die Platía im unteren Ortsteil.

**Zur Nída-Hochebene und auf den höchsten Berg Kretas, den Psilorítis**

20 holprige Kilometer hinter Anógia, für die man mit dem Mietfahrzeug eine knappe Stunde braucht, liegt die *Nída-Hochebene*, auf der die Viehzüchter von Anógia im Sommer ihre Käsereien unterhalten. Die Schotterstraße führt zu einem Touristenpavillon und etwas weiter zu einem Parkplatz, wo die Wanderung auf den *Psilorítis* beginnt.

Für den Hin- und Rückweg muß man sechs bis acht Stunden rechnen. Der Weg ist unregelmäßig mit roten Punkten und Steinpyramiden markiert. Streckenweise geht es querfeldein, stabile Schuhe mit Knöchelschutz sind also angebracht. In der Nähe des Touristenpavillons befindet sich 154 m hoch die *Idi-Höhle (Idéon Ándron)*, eine minoische Kulthöhle, die die Dorer später zu Zeus' Geburtsort erklärten.

Eine andere antike Tradition verlegt den Geburtsort des Zeus in die Höhle bei Psichró auf der Lassíthi-Ebene im Díkti-Massiv. Es gab aber auch auf dem Festland Kultstätten, deren Priester für sie die Ehre in Anspruch nehmen wollten, Geburtsort des Zeus zu sein.

# Route 6

## Die Nordküste westlich von *Iráklion

*Iráklion – Rodiá – *Fódele – Margarítes – *Arkádi – **Rethimnon
(8 km ohne Abstecher)

Die Straße von *Iráklion nach Westen führt durch eine wilde und bergige Landschaft. Die Küste fällt steil ab, und nur in einzelnen Buchten finden sich Strände und Hotels (Hotelort *Agía Pelagía*, Strand von *Fódele*, die beiden kleineren Bade- und Fischerorte *Balí* und *Pánormos*). Kurze Abstecher lohnen sich. Wenige Kilometer hinter Iráklion zweigt bei einem Dieselöl-Kraftwerk die Straße hinauf ins Bergdorf *Rodiá* ab. Von hier aus führt ein Fußweg zum Nonnenkloster *Savvathianón*, einer Oase der Ruhe in einem blühenden Garten. Fódele, der vermutete Geburtsort des Malers El Greco, liegt inmitten eines fruchtbaren Flußtals mit üppigen Orangen- und Zitronenplantagen.

In *Margarítes* werden heute noch auf traditionelle Weise Keramikartikel hergestellt. Das Kloster *Arkádi* schließlich, das einsam auf einer Hochebene liegt, ist Symbol des kretischen Widerstands gegen die türkischen Besatzer.

Hat man für die Abstecher nach Rodiá, Fódele und Arkádi nur einen Tag Zeit, braucht man ein Mietfahrzeug. Rodiá erreicht man aber auch preiswert per Taxi ab Iráklion. Nach Fódele fährt ein Linienbus ab Iráklion, nach Arkádi mehrmals täglich ein Bus ab Réthimnon.

Das einzige Kraftwerk Kretas steht 1 km außerhalb Iráklions direkt am Strand. Es wird mit Dieselöl betrieben

## ROUTE 6

und von Quellwasser gekühlt, das hier als Brackwasser aus dem Kalkstein sprudelt. Ein kurzer Abstecher (5 km) führt von hier aus ins Bergdorf

**Rodiá,** dessen Häuser sich malerisch an den Hang schmiegen. Im Dorf fallen prächtige Hausruinen, zum Teil mit gotischen Fenster- und Türrahmen, auf – einstige Villen der venezianischen Oberschicht. Schon die Venezianer wußten den überaus prächtigen Blick zu schätzen, den Rodiá auf die Insel Dia, die Bucht und die Stadt Iráklion bietet.

**Taverna Iremvi** am Ortseingang von Rodiá. Gute und preiswerte kretische Küche, Panoramablick. $

Das Nonnenkloster

**Savvathianón** liegt 4 km oberhalb von Rodiá, man erreicht es über einen ungepflasterten Serpentinenweg zu Fuß.

Das einstige Männerkloster war nach dem Ende des Zweiten Weltkriegs verlassen, die Gebäude zerstört. Nonnen aus ganz Griechenland stellten sich 1946 der Aufgabe, das Kloster wieder

*Das ehemalige Mönchskloster Savvathianón ist heute von Nonnen bewohnt.*

*Nída-Hochebene: Startpunkt für die Besteigung des Psilorítis.*

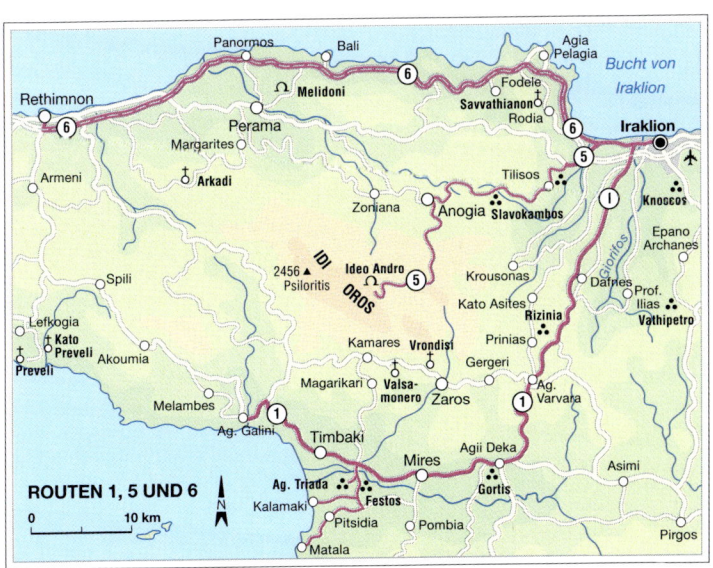

in Betrieb zu nehmen. Der Erfolg läßt sich sehen: Quellwasser sprudelt, Vögel zwitschern, man lustwandelt im Garten inmitten unzähliger Pflanzen, die von den Nonnen liebevoll gepflegt werden.

Auf Besuch sind die Nonnen eingestellt. Zunächst wird die Klosterkirche gezeigt, dann wird man durch den Garten, einen Kreuzweg entlang, zur Kapelle des hl. Antonius geschickt und anschließend zum Kaffee oder Rakí in den Aufenthaltsraum gebeten. Revanchieren kann sich der Tourist, indem er selbstgehäkelte oder -bestickte Decken kauft, die die Nonnen zum Verkauf anbieten. Nichtkäufer bedanken sich am besten mit einem „Trinkgeld", das sie unauffällig hinterlassen.

**Agía Pelagía,** 25 km, ist ein moderner, recht gesichtsloser Badeort an der Bucht gleichen Namens. Hierher fahren vorwiegend Pauschaltouristen.

⌂ **Alexander House,** mit guten Wassersportmöglichkeiten, ☎ 081-811303, 📠 811381. $

**Capsis Beach** bedeckt malerisch eine ganze Halbinsel, ☎ 081-811212, 📠 811076. $$

**Abstecher nach *Fódele** (Abzweig von der Hauptstraße 26 km hinter Iráklion, dann noch 3 km). Der Geburtsort des Domínikos Theotokópoulos, besser bekannt als El Greco, liegt inmitten grüner Orangenplantagen an einem Flüßchen, das auch im heißesten Sommer noch Wasser führt.

Ein kurzer, beschilderter Spaziergang führt jenseits dieses Flüßchens zu einer Hausruine (neben der verschlossenen mittelbyzantinischen Panagía-Kreuzkuppelkirche) im verlassenen Ortsteil Loubiniés. Hier soll der berühmte Maler des Manierismus (1545–1614) das Licht der Welt erblickt haben.

Auf der Platía von Fódele bieten zahlreiche Geschäfte Webwaren für die busweise vorbeischauenden Touristen an. Hier stehen auch eine Büste El Grecos und ein Gedenkstein. Spanischkundige können folgende Inschrift entziffern: „Die geschichtswissenschaftliche Fakultät der Universität von Valladolid – Seele im Herzen Kastiliens – spendet Fódele diesen Stein, gebrochen in Toledo, gedenkend des unsterblichen Ruhms des Doménikos Theotokópoulos. Im Juli 1934."

**Balí,** 45 km, ist ein kleiner, noch recht ursprünglich gebliebener Bade- und Fischerort, bisher noch ohne Großhotels und viel Pauschaltourismus, dafür aber mit zahlreichen kleinen Pensionen.

Abends treffen sich die Individualreisenden von Balí in den Tavernen, die sich am schmalen Kai des malerischen Hafenbeckens drängen.

⌂ Das Bungalow-Hotel **Balí Beach** liegt schön an einer Bucht.
☎ 0834-94210. $

Ansonsten kommen die Individualreisenden in Privatzimmern unter.

Ein weiterer Abstecher ins Hinterland lohnt: Drei Kilometer hinter Balí führt eine schmale Landstraße zur Tropfsteinhöhle von *Melidóni* und, über *Pérama,* zum Töpferort

**Margarítes.** Hier stellen mehrere Werkstätten Souvenir-Keramik in Handarbeit her. Verkaufsläden sind angegliedert. Nur durch die touristische Nachfrage kann der traditionelle Wirtschaftszweig Töpferei auf Kreta überleben. Das zweite kretische Töpferdorf ist *Thrapsáno* bei Iráklion.

⌂ An der Platía von Margarítes hübsches Gartencafé, wo man unter ausladenden Maulbeerbäumen sitzt und den Blick auf die Küstenebene mit ihren hunderttausenden Olivenbäumen genießen kann.

***Kloster Arkádi.** Zu erreichen ist das Kloster auch von Margarítes aus. Man fährt zunächst nach *Eléftherna* (auf dem Gebiet einer antiken Polis – ein gut erhaltener Wachtturm ist von weitem zu sehen) und von dort aus auf einer Schotterstraße 5 km nach Arkádi.

Die normale Anfahrt führt jedoch über die Hauptstraße nach Réthimnon. 5 km vor der Stadt biegt man auf eine kurvenreiche Straße ab, die entlang einer Schlucht den Berg hinauf bis auf eine Hochebene zieht.

Rundgang durch die Klosteranlage: Vor dem Kloster, am Parkplatz, wurde 1910 ein Mausoleum errichtet, in dem die Gebeine (vorwiegend die Köpfe) der Märtyrer in einer Vitrine ausgestellt sind. Im Kloster selbst werden links das Refektorium mit zahlreichen Kampfspuren und das Pulvermagazin gezeigt. Die Decke des Pulvermagazins wurde in die Luft gesprengt, worauf eine Gedenktafel (auf Griechisch) hinweist. Rechts neben dem Kloster ein kleines Museum (geringe Eintrittsgeb.), in dem u. a. der Kampf von 1866 dokumentiert ist.

Die Klosterkirche (15.–16. Jh.) zeigt eine Fassade im Stil der kreto-venezianischen Renaissance mit Säulen und klassizistischem Gebälk. Das Innere wurde weitgehend zerstört, so daß die Kirche heute mit Ikonen des 20. Jhs. ausgeschmückt ist. Die geschnitzte Ikonostase aus Olivenholz ist von 1927.

🍴 Vor dem Kloster Selbstbedienungsrestaurant (Einkaufsmöglichkeiten).

*Kloster Arkádi: malerisch in die Landschaft eingebettet.*

*Mausoleum des Klosters: Gebeine der Freiheitskämpfer.*

## Der Massenselbstmord von Arkádi

Arkádi ist das kretische Nationalheiligtum schlechthin. Im November 1866, zur Zeit der türkischen Besatzung Kretas, haben sich hier 964 Kreter, die meisten von ihnen Frauen und Kinder, angesichts einer türkischen Übermacht in aussichtsloser Lage in die Luft gesprengt. Viele der 15 000 türkischen Belagerer wurden mit in den Tod gerissen. Der kollektive Selbstmord von Arkádi ließ damals die Weltöffentlichkeit auf die „kretische Frage" aufmerksam werden. Philhellenen forderten ein erneutes Engagement der europäischen Großmächte, um auch Kreta den Anschluß an das griechische Mutterland zu ermöglichen. Doch die Großmächte hatten im Herbst 1866 eigene Sorgen. Der Preußisch-Österreichische Krieg fand gerade statt, und Großbritannien hatte sich nach der Beendigung des Krimkrieges 1856 in die „splendid isolation" begeben, um sein koloniales Empire zu sichern. Zudem verfolgte es eine Politik der Konsolidierung des Osmanischen Reiches, um ein weiteres Vordringen Rußlands über die Dardanellen ins Mittelmeer zu verhindern.

# Route 7

## Zwei „Traumstrände" und ein Kloster

**Réthimnon – *Préveli – *Plakiás (40 km)

Das Kloster *Préveli* liegt einsam in karger Felslandschaft, 17 m über dem Libyschen Meer. Ein Wanderweg führt hinunter zum Strand, einst Geheimtip für Rucksackreisende und Wildcamper, heute beliebtes Ziel für Schiffsausflügler von *Agía Galíni* und *Plakiás*. Schatten unter Palmen, Stromschnellen, Baden abwechselnd im Meer und in klarem Süßwasser, das aus der Schlucht plätschert und sich am Strand staut, keine Hotels – was will man mehr? 15 Kilometer östlich befindet sich ein weiterer Traumstrand, Plakiás, dieser aber mit ordentlicher touristischer Infrastruktur: jede Menge kleiner Hotels und Pensionen und Tavernen. Die Ortschaft Plakiás liegt in einem Talkessel und war vor wenigen Jahren noch ein bescheidenes Fischerdörfchen mit nur wenigen Häusern.

🚌 Linienbusse fahren ab Réthimnon je nach Saison mehrmals täglich nach Plakiás. Klosterbesucher müssen in Lefkógia aussteigen und die 6 km zum Kloster zu Fuß gehen.

Wer außer den Stränden und dem Kloster auch ein schönes Dorf kennenlernen und zudem dem Küstenrummel entgehen möchte, sollte einen Abstecher nach

**Spíli** machen (Abzweigung 22 km hinter Réthimnon, dann noch 8 km). Dank seines Wasserreichtums ist Spíli außergewöhnlich grün. Auf der Platía spendet ein venezianischer Brunnen mit Löwenköpfen bestes Quellwasser.

🏨 Kleines 9-Zimmer-Hotel **Green**, von Pflanzen umrankt, ☎ 0832-22225. $
🏨 Gute und preiswerte Tavernen rund um die Platía.

Die Zufahrtsstraße zur Südküste führt durch die Kourtalióti-Schlucht mit vielen Platanen und Johannisbrotbäumen.

Über das verlassene Kloster *Káto Préveli* erreicht man schließlich das einsam über dem Meer gelegene Johanneskloster

*Préveli, 35 km. Hier war zur Türkenzeit ein bedeutendes Widerstandszentrum, eine Tradition, die auch 1941, in der deutschen Besatzungszeit, wieder auflebte. Damals unterstützten die Mönche die Evakuierung alliierter Truppen nach der Schlacht um Kreta. Aus Rache nahmen die Deutschen dem Kloster seinen gesamten Besitz und beschädigten die Kirche (Gedenktafel). Das Klostermuseum zeigt Kultgeräte, Ikonen und Gewänder.

*Strand von Préveli. Der Kourtalióti-Fluß fließt durch eine steile Schlucht und staut sich am Strand zu einem Süßwassersee, umsäumt von Dattelpalmen, Oleander und Eukalyptus.

*Plakiás hat einen kilometerlangen Strand mit feinstem Sand, einen der besten der Insel. Das Wasser ist vollkommen klar, denn Plakiás besitzt eine Kläranlage. Weitere, ebenso schöne, aber noch einsamere Strände liegen nahebei: westlich, 40 Minuten zu Fuß, der Strand von *Soúda*, östlich die Strände *Damnóni und Amoúdi*, zu erreichen über die Straße nach Lefkógia. Hier gibt es sogar Süßwasserduschen.

🏨 **Fenix**, 20 Minuten westlich von Plakiás, sehr ruhig gelegen, ☎ 0832-31331. $
Bei Damnóni Strandhotel **Damnoni Resort** mit guten Wassersportmöglichkeiten. ☎ 0832-31991. $))
🏨 In Plakiás bietet **Taverna Loukas**, neben der Brücke, sehr gute Qualität, auch frischen Fisch.
Tavernen stehen auch an den Stränden außerhalb von Plakiás.

# Route 8

## Die Nordküste zwischen **Réthimnon und **Chaniá

**Réthimnon – Kournás – Georgioúpolis (Abstecher nach Almirída und *Kókkino Chorió) – **Chaniá (75 km ohne Abstecher)

15 Kilometer westlich von **Réthimnon (s. S. 48) beginnt der längste Sandstrand Kretas, der Strand von Jerakári. Sein östliches Ende ist noch unbebaut, Richtung *Georgioúpolis* aber werden mehr und mehr Hotels errichtet, doch jeder Badegast findet zur Zeit noch ausreichend Platz. Ein kurzer Abstecher (6 km) führt zum einzigen Süßwassersee Kretas, bei *Kournás*. Touristisch weniger erschlossen als Georgioúpolis sind die Badeorte an der Südseite der Soúda-Bucht, z. B. *Almirída*, und – etwas

*Kloster Préveli.*

*Süßes Nichtstun am Strand bei Plakiás.*

## ROUTE 8

oberhalb der Küste – *Pláka* und
\*_Kókkino Chorió_. Kókkino Chorió ist
vom Tourismus bisher kaum berührt
und bietet keine Übernachtungsmöglichkeit, ist aber ein gutes Beispiel für
ein altkretisches Dorf mit engen,
holprigen Gassen und seiner traditionellen Hausarchitektur. „Sorbás"-
Regisseur Cacoyánnis hatte es einmal
zu seinem Lieblingsdorf erklärt.

Auf der Hauptstraße verkehren mindestens stündlich Linienbusse. Kókkino
Chorió, Pláka und Almiráda erreicht
man ab Kalíves mit dem Dorftaxi.

Der Süßwassersee von Kournás ist fast
kreisrund und liegt am Fuße steiler
Hänge der Weißen Berge. Süßwasserfans können im klaren Wasser baden.
Es werden sogar Tretboote und Paddelboote vermietet. Zwei Tavernen vermieten Zimmer und bieten ursprüngliche kretische Küche, vorwiegend
Lammfleisch.

**Georgioúpolis**, 22 km. Der Badeort, der
nach Prinz Georg, 1898–1905 Hochkommissar von Kreta, benannt ist, liegt
direkt am Knick der Bucht von Almiroú. Im Norden fallen die Klippen
des Kap Drápano steil ins Meer ab, im
Osten dehnt sich kilometerweit der
breite Sandstrand von Jerakári.

Reizvoll ist auch der Anblick des wohl
wasserreichsten Flusses Kretas, in dessen Mündung buntbemalte Fischerboote und auch einige Jachten vor sich
hin schaukeln, und die große Platía
mit ihren hohen schattenspendenden
Eukalyptusbäumen. Dort und in den
angrenzenden Straßen gibt es mehrere
kleine Hotels.

🏨 Im Ort vor allem Privatzimmer und
Pensionen. Östlich, längs des Sandstrandes dagegen ein Großhotel neben
dem anderen.
**Paradise** einfache Pension mit gepflegten Zimmern und angegliederter Taverne, gute Küche, in einer Nebenstraße nahe der Platía. ⓢ
**Zorbas**, 17 Zimmer, liegt ebenfalls in
Platía-Nähe, ☎ 0825-61381. ⓢ

**Mare Monte**, ein sehr angenehmes
Strandhotel mit Swimmingpool und
Animationsprogramm, liegt direkt am
breiten Sandstrand. Es verfügt über
105 Zimmer. ☎ 0825-61390,
📠 61274. ⓢ
🍴 Von der Lage her empfehlenswert
die Taverne **Arkádi** an der Flußmündung direkt am Meer. Zugang über
die Brücke im Dorf, dann an der Westseite des Flusses entlang (der Weg ist
beschildert). Die Inhaber haben jahrelang in Deutschland gelebt und
sprechen sehr gut Deutsch. Die flache
Badebucht neben dem „Arkadi" ist
besonders für Kinder ideal. ⓢ
**Jorgo's Tavern**. Sehr gutes Essen, am
Ortsausgang Richtung Hauptstraße
gelegen. ⓢ

Unbedingt lohnend ist ein Abstecher
auf die Halbinsel des *Kap Drápano*: ursprünglich gebliebene kretische Dörfer,
die fast nur noch von Alten, Frauen
und Kindern bewohnt sind, eine grüne,
zum Teil bewaldete Landschaft, eben
jene Unberührtheit, die Touristen anzieht. Ein bisher kaum entdeckter
Badeort ist

**Almirída** mit schönem Sandstrand und
zahlreichen Fischtavernen. Die Einwohner Chaniás kommen gerne zum
Fischessen hierher. Es gibt ein B-Hotel
und einige Pensionen. Sehr reizvoll
ist der Blick hinüber zur Halbinsel
Akrotíri.

Im 5 km entfernten *Gavalochóri* wurde
1993 ein kleines Volkskundemuseum
eröffnet.

🏨 **Almirída Bay,** ☎ 0825-3175,
50-Betten-Hotel mit Restaurant, Bar,
Zentralheizung und Swimmingpool.
ⓢ
**Farma Almirída**, einige hundert Meter
vom Strand entfernt, bietet „Urlaub
auf dem Bauernhof". Auch Hunde sind
hier willkommen. Die Frau des Besitzers, eine Schweizerin, gibt gerne Informationen zu ihrer Wahlheimat und
führt bei Nachfrage auch Exkursionen
in die Umgebung durch. ☎ 0825-
31732, 31589. ⓢ

Die Straße führt nun oberhalb des Meeres weiter nach *Pláka* und dem malerisch an der Soúda-Bucht gelegenen

**\*Kókkino Chorió.** Das „rote Dorf" ist benannt nach dem Blut, das 1821, zu Beginn des Unabhängigkeitskampfes hier vergossen wurde, als türkische Streitkräfte 150 Frauen und Kinder in einer Höhle unterhalb des Dorfes ermordeten. Es liegt in einer paradiesischen Landschaft, die bisher gänzlich von Hotelbauten verschont geblieben ist. Das Dorf hat sich seine traditionelle Struktur bewahren können; nur am Ortsrand stehen moderne Stahlbetonbauten. Vor der Kirche an der Platía wurde eine berühmte Szene des Films „Aléxis Sorbás" gedreht: die Steinigung der Witwe und das Eingreifen Sorbas'. Während der deutschen Besatzung war bei Kókkino Chorió, am Ausgang der strategisch wichtigen Soúda-Bucht, einer der wichtigsten Militärstützpunkte der Insel.

Oberhalb des Dorfes, beim Kirchlein Ágios Geórgios, kann man eine unterirdische Bunkeranlage besichtigen.

Drei Stollen führen in das unterirdische Quartier, dessen Räume mit Holz vertäfelt waren und das sogar ein Kino besaß, wie die älteren Dorfbewohner erzählen. Von der Spitze des Kaps Drápano führte sogar noch eine Seilbahn zum Bunkereingang herunter.

🏠 Kókkino Chorió hat nur ein paar Kafenía zu bieten. Eine Taverne gibt es im benachbarten Pláka. Hier wird auch ein süffiger Faßwein ausgeschenkt.

*Strände:* Unterhalb von Pláka und Kókkino Chorió einige schmale Buchten mit Sandstrand. Bei ruhiger See kann man sich auch von den Klippen aus ins Wasser gleiten lassen, zu denen Wege hinabführen.

*Einkaufen:* Am Ortseingang von Kókkino Chorió ist eine Glasbläserei.

*Der Süßwassersee Kournás am Fuß der Weißen Berge.*

*Kókkino Chorió – auf den Hund gekommen?*

*Hier scheint die Zeit stehengeblieben zu sein.*

# Route 9

## Ins Land der Sfakioten

**Chaniá – Vrísses – *Ímbros-Schlucht – Chóra Sfakíon – Frangokástello (85km)

Über *Vrísses* führt die Route zunächst hinauf zur Askífou-Hochebene an der Ostseite der Weißen Berge (Lefká Óri). Hier, in *Ímbros*, ist der Ausgangsort für die Durchwanderung der Ímbros-Schlucht. Die Straße schmiegt sich eng an steilabfallende Hänge, tief unten in der Schlucht verläuft der Maultierpfad, früher die Hauptverbindung mit der Südküste.

Über Serpentinen geht es hinunter nach *Chóra Sfakíon*, der ruhigen Hafenstadt am Libyschen Meer. Nur am späten Nachmittag ist sie bevölkert von erschöpften Touristen, den Bezwingern der Samariá-Schlucht, die hier auf ihren Heimtransport in die Hotelorte an der Nordküste warten. Der Ort ist ein guter Ausgangspunkt für Ausflüge in die Weißen Berge oder ins Fischerdorf *Loutró*, das nur mit dem Schiff zu erreichen ist. Die Sfakioten waren in ganz Griechenland bekannt für ihren kühnen Widerstand gegen die fremden Besatzer. Aus diesem Grund sahen sich die Venezianer veranlaßt, in Chóra Sfakíon selbst und 12 km weiter östlich Festungen zu errichten. Allerdings ist nur noch die letztere, *Frangokástello*, gut erhalten.

Die Route wird mehrmals täglich von Linienbussen ab Chaniá und Réthimnon bedient.

**Vrísses** liegt an der Abzweigung der Südküstenstraße. Mächtige Platanen stehen auf der Platía beiderseits des Flusses, der bei Georgioúpolis ins Meer fließt. Kulinarische Spezialität des Ortes sind Bergkäse, Schafsjoghurt in Tonschalen und frisches Hammelfleisch. Die Tavernen rund um den Hauptplatz werden von den Hirten der Weißen Berge beliefert. Von Chaniá und Réthimnon kommen Touristen und Einwohner extra zum Essen hierher.

Die Straße führt nun in Serpentinen hinauf zur Askífou-Hochebene, die ganzjährig bewohnt ist. Über *Ammoudári* und *Askífou* gelangt man nach **Ímbros**. Hier finden Wanderer eine gute Alternative zur Samariá-Schlucht.

Der Einstieg in die *Schlucht befindet sich am Ortsende von Ímbros, am Kafenion links der Straße. Der Maultierweg, übrigens noch bis in die fünfziger Jahre der einzige Zugang zur Südküste, führt längs des Schluchtbaches hinunter zur Küste. Die Wanderung dauert etwa zwei Stunden.

🅿 Am Schluchtausgang auf der Asphaltstraße nach rechts um die Kurve. Dort gibt es zwei Tavernen mit Telefon, um z. B. ein Taxi für die Rückfahrt zu bestellen.

**Chóra Sfakíon** (400 Einw.) war schon zur Türkenzeit ein wichtiger Umschlagplatz. Damals besaßen sfakiotische Kaufleute Hunderte von Schiffen, mit denen sie unbehelligt von den türkischen Besatzern Handel trieben. Einer dieser freien Kaufleute, Ioánnis Vláchos, genannt Daskalojánnis („Johannes, der Lehrer"), organisierte in Zusammenarbeit mit Russen den Aufstand von 1770/71. Rahmenbedingung war der Russisch-Türkische Krieg 1768–1774. Der Aufstand scheiterte. Daskalojánnis wurde bei lebendigem Leibe in Iráklion gehäutet.

Heute ist Chóra Sfakíon Umschlagplatz für wandernde Touristen. Zweimal am Tag belebt sich der Ort: morgens, wenn das Schiff nach Agía Rouméli, zur Samariá-Schlucht (s. S. 84), ablegt und nachmittags, wenn es zurückkehrt. Morgens fahren die Touristen, die die Schlucht „auf faule Art" („Samariá lazy way", wie man in den Reisebüros den Ausflug verkauft), d. h. nur bis zu den

"Eisernen Pforten" (2–3 Std. hin und zurück), erwandern möchten. Nachmittags kommen mit ihnen die zahllosen Tapferen zurück, die die ganze Schlucht bezwungen haben. Sonst geht es in Chóra-Sfakíon noch ziemlich ruhig zu. Am Kai gibt es Tavernen und das Wasser ist glasklar. Schöne Wanderungen lassen sich ins Hinterland unternehmen, z.B. zum Bergdorf *Anopólis* oder nach *Loutró*. Dieser Ort, in den bisher keine Straße führt, ist jedoch bequemer per Schiff zu erreichen. Weil Loutró schlecht zu erreichen ist, ist es auch hier noch relativ ruhig. Wer gut zu Fuß ist, braucht von Anopólis etwa eine Stunde nach Loutró.

*Eine wahre Postkartenidylle ist das Fischerdorf Loutró.*

Das 100-Zimmer-Hotel **Vritomartis** liegt etwas außerhalb des Ortes und hat ganzjährig geöffnet. Eine gute Adresse auch zum Überwintern. Swimmingpool und Tennis. 0825-91112, 91222.

Verbindungen nach Loutró und Agia Rouméli.

**Frangokástello,** 16 km östlich von Chóra Sfakíon. Die direkt am Meer gelegene imposante Festung wurde 1371, nach der Eroberung der Insel, von den Venezianern errichtet. Auf den ersten Blick sieht sie gut erhalten aus, es stehen aber nur noch die – allerdings sehr eindrucksvollen – Außenmauern. Der lange, wenig besuchte Sandstrand gehört zu den schönsten Kretas. Die sehr flach auslaufende Küste ist besonders für Kinder und Nichtschwimmer ideal; man muß schon weit hinauslaufen, um schwimmen zu können. Direkt am Strand, neben der Burg, gibt es eine Taverne; einige weitere Lokale, deren Besitzer auch Zimmer vermieten, liegen in der näheren Umgebung.

*Und immer wieder sind die Netze zu flicken, auch in Loutró.*

Der Linienbus von Chóra Sfakíon nach Agia Galíni hält oberhalb von Frangokástello an den Abzweigungen zur Hauptstraße (3 km zu Fuß). Der Bus fährt nur ein- bis zweimal täglich.

*Blick auf die Reste der mächtigen Festung Frangokástello.*

# Route 10

## **Nationalpark Samariá-Schlucht

**Chaniá – Schluchteingang (42 km), Chóra Sfakíon – **Chaniá (73 km)

Zu den Höhepunktes eines Kreta-Urlaubs zählt die Durchwanderung der **Samariá-Schlucht. Diese Schlucht, eine der längsten Europas, ist seit Mitte der fünfziger Jahre Naturschutzgebiet und griechischer Nationalpark. Hier hat die vom Aussterben bedrohte kretische Bergziege Agrimi (auch *Kri Kri* oder Bezoarziege genannt) ein ihr angemessenes Biotop gefunden, hier wachsen seltene Orchideen und rund 70 endemische Pflanzen, und hier finden sich noch alte Zypressenwaldbestände, die den Abholzungen vergangener Jahrhunderte entgangen sind.

Von Iráklion, Réthimnon und Chaniá aus läßt sich die Wanderung unter der Einbeziehung von Linienbussen an einem Tag organisieren. Die Busse fahren frühmorgens hinauf zur *Omalós-Ebene*, dem Ausgangspunkt der Wanderung, und holen die Ausflügler am späten Nachmittag wieder in *Chóra Sfakíon* (s. S. 82) ab.

Nach fünf bis sieben Stunden Wanderung erreicht man *Agía Rouméli* am Meer, von wo zwischen 14 und 17 Uhr die Schiffe nach Chóra Sfakíon (und in die entgegengesetzte Richtung nach *Palaöchora;* s. S. 86) abfahren.

Die Schluchtwanderung kostet Eintritt, das Ticket dient auch zur Kontrolle, ob nach Einbruch der Dunkelheit alle Wanderer die Schlucht wieder verlassen haben. Sie muß an ihrem Ausgang bei Agía Rouméli wieder abgegeben werden. Restaurants und Getränkebuden gibt es nur in Agía Rouméli, nicht in der Schlucht. Wasser mitzunehmen ist dennoch unnötig, denn am Wege sprudeln viele Quellen. Auf halber Strecke, im verlassenen Dorf *Samariá*, heute Sitz des Naturschutzwärters, gibt es einen Picknickplatz und ein Telefon für Notfälle.

Von der Omalós-Ebene aus lassen sich auch Tageswanderungen in die Weißen Berge unternehmen. Eine Übernachtungsmöglichkeit ist die jugendherbergsartig eingerichtete „Kallérgihütte" hoch oben am Rand der Samariá-Schlucht (vorher anfragen, ob geöffnet ist und ob noch Plätze frei sind, ☎ 0821-54560).

Wer die Schönheiten der Schlucht nicht im Pulk der zahllosen Mitwanderer erleben möchte, sollte anders verfahren.

1. Möglichkeit: Abends Anfahrt nach Omalós und Übernachtung im „Xenía"-Hotel direkt am Schluchtausgang (Voranmeldung angebracht; ☎ 0821-93237), am nächsten Morgen schon gegen 6 Uhr loswandern. 2. Möglichkeit: Am frühen Nachmittag loswandern (vor 15 Uhr, denn dann wird der Zugang zur Schlucht geschlossen). Zwischenübernachtung in Agía Rouméli (genügend Zimmer, eine Voranmeldung ist nicht nötig). 3. Möglichkeit: Mittags nur ein paar Kilometer die Schlucht hinunter- und auf demselben Weg zurückwandern.

**Agía Rouméli** lebt von den Wanderern, die nachmittags in das Dorf einfallen und sich nach dem Marsch durch die Schlucht in die Tavernen stürzen. Wer hier übernachten will, kann am nächsten Tag zur türkischen Festung hinaufsteigen (ca. 90 Min.), die einst die Küste am Libyschen Meer bewachte. Der Ort hat einen Kieselstrand.

🛥 Mehrmals täglich nach Loutró, Chóra Sfakíon und Palaöchora.

🏠 Die Pension **Agía Rouméli** hat nur wenige, aber schöne, holzgetäfelte Zimmer mit Meerblick, ☎ 0821-25657. Ⓢ

# Route 11

## Der grüne und fruchtbare Westen

**Chaniá – Máleme – Kándanos – Paläóchora (72 km)

Westlich von **Chaniá bis Kolimbári und dem Kloster Goniá (s. S. 88) drängen sich Hotelanlagen an den schmalen Sandstränden zwischen Hauptstraße und Meer – hier ist das westkretische Zentrum des Pauschaltourismus. Auf dieser Strecke liegen auch Máleme und der deutsche Soldatenfriedhof mit den Opfern der Schlacht um Kreta im Mai 1941.

*Wer gut zu Fuß ist, durchwandert die Samariá-Schlucht.*

Hinter Máleme biegt man nach Süden ab und fährt durch einen wenig berührten, grünen und fruchtbaren Inselteil. Die ehemals reichen Waldbestände sind allerdings stark dezimiert, heute werden hier Oliven und Zitrusfrüchte kultiviert. Die Straße führt über die Berge nach Kándanos, das im Zweiten Weltkrieg von deutschen Truppen bis auf die Grundmauern zerstört wurde, und weiter nach Paläóchora an der Südküste. Hierher und in die benachbarten Küstenorte Kountoúra und Soúgia zieht es vor allem Rucksacktouristen.

*Blick auf Agía Rouméli, den ersehnten Endpunkt der Samariá-Schlucht-Durchwanderung.*

Wer absolute Ruhe, Einsamkeit, einfaches Leben und schöne Strände liebt, ist auf der „Satelliteninsel" Gávdos gut aufgehoben. Man erreicht sie mit dem Schiff ab Paläóchora, Soúgia und Agía Rouméli.

Kurz hinter Chaniá passiert man links direkt an der Hauptstraße im Hotelvorort *Galatás* das deutsche Fallschirmjägerdenkmal. Ein herabstürzender Adler

*Deutsche Mahntafeln in Kándanos.*

hält in seinen Fängen das Hakenkreuz, darunter ein Sockel mit Gedenktafel. Dieses Emblem der Fallschirmjäger des Dritten Reiches sollte an die Schlacht um Kreta im Mai 1941 erinnern. Die Einheimischen nennen es den „deutschen Vogel".

Der deutsche Soldatenfriedhof bei **Máleme** liegt auf der einst hart umkämpften „Höhe 107" oberhalb eines Militärflugplatzes, 2,5 km landeinwärts. Die „Deutsche Kriegsgräberfürsorge" hat ihn nach jahrelangen Vorbereitungsaktivitäten 1974 eingeweiht. 4465 in der Schlacht um Kreta Gefallene fanden hier ihre letzte Ruhestätte. Auf den Grabtafeln stehen Namen und Alter der Toten, die meisten waren nicht älter als 21 Jahre.

Ein britischer Soldatenfriedhof liegt an der Soúda-Bucht (in Hafennähe, die Zufahrt ist beschildert).

**Crete Chandris**, 0821-62221-4, 62406. Angenehmes Ferienhotel am Strand von Máleme mit den üblichen Einrichtungen und guten Sportmöglichkeiten; freier Busshuttle nach Chaniá (17 km). $))

**Kándanos** (ca. 1000 Einw.), 58 km. Auch diesen Ort besuchen die meisten deutschen Touristen mit einem Gefühl der Beklemmung. Wie Anógia im Ída-Massiv und viele andere Orte auf Kreta wurde der Ort im Juni 1941 – er hatte damals etwa 2000 Einwohner – von deutschen Truppen bis auf die Grundmauern zerstört. Außerdem töteten die Deutschen alle Einwohner, derer sie habhaft werden konnten. Vorausgegangen war diesem schrecklichen Vergeltungsakt, daß kretische Widerstandskämpfer einen Vorstoß der Deutschen zur Südküste aufgehalten und 25 Soldaten getötet hatten. Auf dem Marktplatz steht auf einer der beiden Mahntafeln, die die Deutschen damals selbst anbrachten, auf Deutsch und Griechisch: „Hier stand Kándanos. Es wurde zerstört als Sühne für die Ermordung von 25 deutschen Soldaten." Als bescheidenes Zeichen einer versuchten Wiedergutmachung hat die Aktion Sühnezeichen 1963 ein Wasserwerk für Kándanos errichtet. Es befindet sich am Ortseingang. Auch hier erinnert eine Gedenktafel (auf Deutsch und Griechisch) an das Geschehen.

**Paläóchora** (1500 Einw.), 72 km. Der Badeort liegt sehr malerisch auf einer Landzunge unterhalb einer zerstörten venezianischen Festung aus dem 13. Jh. Keine großen Hotels wie in den Urlaubszentren der Nordküste bestimmen das Bild, sondern kleine Pensionen und die Häuser der Einheimischen, von denen die meisten Privatzimmer vermieten. Reiseveranstalter haben Paläóchora noch kaum in ihren Katalogen, vermutlich weil der Transfer vom Flughafen Chaniá zu weit ist. So bevölkern vornehmlich Individualreisende den Ort. Sie schätzen die feinen Sandstrände, die Ausflugs- und Wandermöglichkeiten in die landschaftlich ursprüngliche Umgebung, z. B. zum Strand von *Elafonísi*, nach *Soúgia* oder in die stillen Bergdörfer. Auch das Nachtleben kann sich sehen lassen. Wer Ruhe sucht, sollte seine Unterkunft nicht gerade in der Nähe der Hauptstraße suchen. Sie ist abends für den Durchgangsverkehr gesperrt.

🚌 Mehrmals täglich nach Chaniá.
⛴ Täglich nach Soúgia und Agía Rouméli, mehrmals wöchentlich nach Loutró und Chóra Sfakíon, zweimal wöchentlich nach Gávdos.

An einer Stichstraße zum Strand liegt das kleine, aber recht komfortable **Polydoros**, 0823-41068. $
**Hotel Rea** im Ort, 12 gepflegte Zimmer mit Bad, 0823-41307. $
In den meisten Frühstückscafés wird Müsli angeboten, die Klientel von Paläóchora ist ernährungsbewußt. Das Traditionslokal ist **Savvas** beim Rathaus. $
Gut ißt man auch in dem Gartenrestaurant neben der Arztpraxis. $.
Von den vielen Tavernen an der Hauptstraße ist **Dionysos** die beliebteste, **Pelikan** in der Odós Xenáki die originellste. Beide $

*Nachtleben:* Freilichtdiskothek **Paläochora Club** am Campingplatz. Cocktailbars an der Strandstraße.

**Soúgia,** der kleine Strandort am Ausgang einer Schlucht zwischen hohen Felswänden, ist noch sehr viel weniger besucht als Paläóchora. Es gibt auch hier nur wenige kleine Hotels, überwiegend werden Privatzimmer vermietet. Wanderungen sind möglich zu den Resten der antiken Stadt Lissós (gut 1 Std.). In Soúgia trifft sich fast nur jugendliches Publikum.

*Der deutsche Soldatenfriedhof in Máleme.*

🚌 Täglich ein- bis zweimal Chaniá.
⛴ Von Mai bis Oktober mehrmals wöchentlich Paläochora und Agía Rouméli.
ⓗ **Pikilassos,** ☎ 0823-51242, Pension mit neun Zimmern. Ⓢ

Wer es völlig einsam haben möchte, wird die Insel

**Gávdos** (knapp 100 Einw.), den südlichsten Punkt Europas, bevorzugen. Ein Krämerladen (Pantopolíon) hat das Nötigste vorrätig, von Schnürsenkel bis zum Schnaps. Das Leben ist hart auf der nahezu vegetationslosen, windigen Insel. Getreide wird hier noch wie vor 2000 Jahren angebaut und mit der Sichel geerntet. Doch mittlerweile gibt es Strom – erzeugt von einer Solaranlage der Firma Siemens und durch Windenergie. Von den drei Stränden ist der von *Sarakinikó* der schönste.

*Bunte Fischerbuote vor weißen Häuserfassaden: Kolimbári.*

⛴ Im Sommer fahren zweimal wöchentlich Ausflugsschiffe ab Paläochora (4 Std. Fahrzeit) und ab Chóra Sfakion (2,5 Std. Fahrzeit). Im Winter verkehrt zweimal wöchentlich ein Post- und Versorgungsschiff.
ⓗ Sehr einfache Privatzimmer, die man an Ort und Stelle mietet (in der Hochsaison besser über ein Reisebüro in Paläochora buchen, denn die Bettenkapazität ist gering).

Wildes Campen ist gestattet. Im Sommer öffnen Tavernen. Hotels gibt es in Gávdos nicht.

*Eine Oase der Stille und frommen Andacht ist das Kloster Goniá.*

# Route 12

## Noch einmal der grüne Westen

Máleme – Kloster Goniá – Kastélli Kissámou – Kloster Chrisoskalítisa – Elafonísi (67 km)

**Die Route führt die Küste entlang über das Kloster Goniá und das Hafenstädtchen Kastélli zum Kloster Chrisoskalítisa und weiter zu dem einsamen, feinsandigen Strand der Lagune von Elafonísi. Die Fahrt dorthin ist zwar, besonders in ihrem letzten Teil, mühsam, aber überaus lohnend.**

**Kloster Goniá** liegt am Ortsrand von *Kolimbári*. Die Klosterkirche birgt eine wertvolle Ikonensammlung, u.a. die Miniaturmalerei des „Jüngsten Gerichts" links an der Wand, wo bekannte Nicht-Christen neben den Getauften die Freuden des Paradieses genießen: die „guten Könige" Dareios und Alexander der Große. An der Ikonostase rechts unten erkennt man auf einer Ikone den Säulenheiligen Symeon Stylites, der als Asket sein Leben auf dem Kapitell einer Säule gefristet hatte.

In Goniá waren die Gebeine der gefallenen deutschen Soldaten verwahrt, bevor sie in *Máleme* ihre letzte Ruhestätte fanden. Hinter dem Kloster steht die 1968 gegründete Orthodoxe Akademie von Kreta, die Seminare zu gesellschaftlich relevanten Themen abhält.

Die hier beginnende unbewohnte Halbinsel *Rodopoú* bietet die Möglichkeit zu zahlreichen ausgedehnten Wanderungen.

**Kastélli Kissámou.** Die kleine Provinzstadt mit ihren 3500 Einwohnern wirkt noch recht verschlafen. Die Bewohner machen ihr Geschäft mit der Landwirtschaft und dem Handel, weniger mit dem Tourismus.

Der Strand unterhalb der Promenade ist grobkiesig und insgesamt nicht sehr anziehend.

Vom Hafen werden Eßkastanien aus dem Hinterland, etwa aus dem 56 m hoch liegenden Kastaniendorf *Élos*, verschifft. In Élos wird Ende Oktober das „Kastanienfest" gefeiert, mit Musik und Tanz und viel gutem Essen.

🚌 Täglich mehrmals nach Chaniá, einmal täglich nach Falásarna.
⛴ Zwei- bis dreimal wöchentlich nach Piräus über den Peloponnes (Gíthion bzw. Kalamáta).
🏠 **Galíni Beach,** ruhige Pension am Strand, ☎ 0822-23288.
🍴 Recht gut essen kann man in den Tavernen an der schmalen Promenade. Am Besten ißt man jedoch im **Psária**, das direkt am Fischereihafen liegt. Hier kommt der fangfrische Fisch vom Kutter direkt auf den Grill (und den Teller). $

---

### Das Fest Johannes des Täufers auf der Halbinsel Rodopoú

Frühmorgens am 29. August brechen die Bewohner des Dorfes Rodopoú auf. Maultiere und Esel sind voll beladen mit Wein und Rakí, mit Decken, Speisen, Stühlen und Musikinstrumenten. Nach zwei Stunden Fußmarsch erreicht die Kolonne die Kapelle des hl. Johannes, die einsam in einem Tal der unbewohnten Halbinsel steht. Nach Ankunft wird die Liturgie in der Kirche gefeiert. Der Bischof aus Kastélli ist gekommen, er wird an diesem Tag Säuglinge auf den Namen Jánnis taufen. Endlich ist die Zeit zum Feiern gekommen. Lyra-Musik ertönt und wird bis zum Morgengrauen nicht aussetzen.

## ROUTE 12

**Kloster Chrisoskalítisa.** Das weißgekalkte Kloster aus dem 17. Jh., in dem noch mehrere Nonnen leben, liegt wie eine Festung auf einem Felsen über dem Meer. In der Nähe gibt es Übernachtungsmöglichkeiten in Privatzimmern. Informationen erhält man im Kloster: ☎ 0822-61292.

**Strand von Elafonísi,** 6 holprige Kilometer südlich von Chrisoskalítisa. Der „schönste Sandstrand Kretas" bietet Südseeatmosphäre – trotz leichter Ölverschmutzung. Das Wasser schimmert von Blau über Türkis bis zu Grün in allen Farbtönen. Zur gegenüberliegenden „Hirschinsel" (das heißt Elafonísi) mit ebenfalls herrlichen Sandstränden kann man hinüberwaten.

*Kloster Chrisoskalítisa: beinahe trutzig.*

🚌 In der Hochsaison Kastélli und Chaniá. Reiseveranstalter bieten Tagestouren an, z. B. Elafonisos Travel in Chaniá, ☎ 0821-45436 (mit Besuch der Agía-Sofía-Tropfsteinhöhle in der Topólia-Schlucht).

🏨 Empfehlenswert ist **Elafonisi Rent Rooms,** ☎ 0822-61123. $

*Längst kein Geheimtip mehr ist der herrliche Sandstrand von Elafonísi.*

ROUTEN 10, 11 UND 12

# Praktische Hinweise von A–Z

## Autofahren

Deutsche und Österreicher brauchen den nationalen, Schweizer den internationalen Führerschein. Wer sein Auto dabei hat, benötigt zwar offiziell die grüne Versicherungskarte nicht mehr, es ist aber ratsam, sie mitzunehmen. Wer am Urlaubsort ein Auto mietet, kann sich schon vor der Reise durch die sog. Mallorca-Police absichern (ca. 40 DM im Monat). Sie schützt vor finanziellen Forderungen eventueller Unfallgegner. Es herrscht Anschnallpflicht. *Höchstgeschwindigkeit:* in Orten 50 km/h, auf Landstraßen 80 km/h. *Promillegrenze:* 0,5. Benzin ist etwas preiswerter als in Deutschland.

## Devisenbestimmungen

Die Ein- und Ausfuhr der griechischen Drachme ist für Bürger aus EU-Ländern keinen Beschränkungen mehr unterworfen. Allerdings lohnt es nicht, Drachmen schon in Deutschland einzutauschen, denn ihr Kurs ist hier erheblich niedriger als in Griechenland. Devisen dürfen dagegen in unbegrenzter Menge eingeführt werden. Größere Mengen Bargeld (über 1000 US-$) sollten bei der Einreise deklariert werden, um das Geld problemlos wieder ausführen zu können.

## Diplomatische Vertretungen

**Deutschland:** Iráklion, Papaléxandrou 16, ☎ 081-226288. Chaniá, Daskalojánni 64, ☎ 0821-57944.
**Österreich** und **Schweiz:** Iráklion, Dádalou 36 (bei „Cretan Holidays"), ☎ 081-223379.

## Einkaufen

Vor allem kunsthandwerkliche Gegenstände: Lederwaren – am besten aus Chaniá oder Réthimnon –, Webwaren, Keramik aus Thrapsanó und Margarítes, Web- und Stickarbeiten oder Ikonen. Ein staatlicher Kunstgewerbedienst (EOMMEX) hat Filialen in Réthimnon, Chaniá und Iráklion. Dort kann man sich über das Angebot informieren und Empfehlungen einholen, wo es was zu kaufen gibt (Adressen im Ortsteil). Relativ preiswert sind auch Gold- und Silberschmuck. Eventuell kommen als Souvenirs auch Honig in Betracht oder Olivenöl, das als das beste Europas gilt. Kretische Weine überstehen den Transport meist nicht und schmecken zu Hause dann völlig anders als auf Kreta.

## Einreise

Der Personalausweis reicht. Für Aufenthaltsdauer und Arbeitserlaubnis gelten die EU-Bestimmungen. Grundsätzlich werden alle EU-Bürger gleich behandelt.

## Elektrizität

220 Volt. – Deutsche Schukostecker passen.

## Feiertage

1. Januar, 25. März (Nationalfeiertag), Karfreitag (bis 12 Uhr), Ostersonntag, 1. Mai, 25. Dezember. An diesen Tagen bleiben die Museen, Ausgrabungsstätten und Geschäfte generell geschlossen. Siehe auch Festkalender S. 24.

## FKK

Nacktbaden ist in Griechenland verboten. Die griechische Moral sieht den nackten Körper als anstößig an. Deshalb sollte man nackt nur an wirklich abgelegenen Stränden baden, an denen sich keine Griechen aufhalten.

Doch auch in dieser Frage schreitet der Modernisierungsprozeß voran. In vielen Touristenorten ist „oben ohne" inzwischen selbstverständlich.

## PRAKTISCHE HINWEISE VON A–Z

### Fotografieren und Filmen

Fotomaterial ist in Griechenland sehr teuer, deshalb sollte man sich zu Hause hinreichend eindecken.

In Museen darf man nur Objekte fotografieren, die bereits veröffentlicht sind. Man muß in der Regel eine Zusatzeintrittskarte lösen. In archäologischen Stätten ist Fotografieren generell – kostenlos – erlaubt. In Kirchen darf man meist nicht fotografieren. Wer Stativaufnahmen machen will, darf das nur in archäologischen Stätten, nicht in Museen. Ein Fotodienst verkauft aber auf Anfrage Museumsmotive (Archeological Funds & Expropriation, Fillelinon-Straße 41, Athen, ☎ 01-3220457).

Für das Filmen gibt es zahlreiche unterschiedliche Bestimmungen, die im AMI Iráklion erfragt werden können.

### Frauen allein unterwegs

Aufdringlichkeiten kann man sich normalerweise durch ein festes *óchi* („nein") leicht entziehen. Mit Schimpfwörtern sollte man vorsichtig sein! Es gilt als große Beleidigung, wenn eine Frau einen Mann mit dem gebräuchlichen Schimpfwort *maláka* („Wichser") belegt. Weniger problematisch ist: *fije* oder *fijete* („Hau ab!" bzw. „Hauen Sie ab!").

### Geld und Preisniveau

Die griechische Drachme (Dr) entwertet sich gegenüber den Hartwährungen wie Dollar oder DM pro Jahr um ca. 15 Prozent. Das ist aber in etwa auch die Höhe der griechischen Inflationsrate, so daß die griechischen Preise für DM-Besitzer annähernd stabil bleiben.

Das Preisniveau für touristische Dienstleistungen ist in der Regel niedriger als in Deutschland. Ein Essen in einer einfachen Taverne kostet für zwei Personen inklusive Wein oder Bier etwa 25–30 DM. Ein kleiner griechischer Kaffee kostet in einem Dorfkafenion unter einer Mark, in einem besseren Lokal in der Stadt mehr als das Doppelte.

Taxifahrten sind sehr viel preiswerter als in Deutschland, dasselbe gilt für Busfahrten.

Eintrittsgebühren sind dagegen relativ hoch. Für Knossós und das AMI in Iráklion zahlt man ca. 8 DM. Studenten zahlen die Hälfte, deshalb unbedingt den Studentenausweis mitnehmen. Sonntags haben alle EU-Bürger freien Eintritt in sämtliche Museen und archäologischen Stätten.

Privatzimmer kosten ab 20 DM pro Doppelzimmer, ein Zimmer in einem einfachen Hotel ca. 50 DM, aber ohne Frühstück. Wechselkurs: 100 Drachmen = 0,61 DM (Stand: Januar 1995).

Eurocheques müssen auf Drachmen ausgestellt werden (Höchstbetrag 1994: 45000 Dr). Sie werden überall akzeptiert. Mit Kreditkarten kann man in guten Geschäften, größeren Hotels und bei Autovermietern zahlen. Mit Barzahlung hat man jedoch meist den besseren Handelsspielraum.

### Gesundheit, Krankenvorsorge, ärztliche Versorgung

Grundsätzlich gilt: Es gibt auf Kreta keine besonderen gesundheitlichen Risiken. Das Leitungswasser ist überall trinkbar. Es schmeckt in den Städten leicht nach Chlor, in den Dörfern kann es je nach Quelle aber ausgesprochen schmackhaft sein. Giftige Schlangen und Skorpione gibt es zwar, aber keine Arten, deren Biß gleich tödlich wäre. Im Hochsommer können Mücken zur Plage werden. Insektenschutzmittel sind in jeder Apotheke erhältlich. Die meisten Medikamente sind erheblich billiger als in Deutschland.

Bei Unfällen wende man sich an das nächste Krankenhaus oder an ein „Gesundheitszentrum" *(kéntro ygiéias)*; jede kretische Kreisstadt hat eine. Eine Unfallbehandlung oder eine erste Versorgung bei plötzlich auftretenden Krankheiten ist dort auch für Touristen

# PRAKTISCHE HINWEISE VON A–Z

kostenlos. Muß ein Arzt gerufen werden, so wende man sich an seinen Hotelier, der die entsprechende Adressen hat. Niedergelassene Ärzte stellen eine Rechnung, aus, die gleich bezahlt werden muß. Allerdings sind die Arztkosten eher niedrig.

Ansonsten bieten deutsche gesetzliche Krankenkassen den Anspruchsschein E111. Er muß bei der griechischen Krankenversicherung IKA (Zweigstellen in vielen Orten) in einen griechischen Krankenschein umgetauscht werden, mit dem ein Kassenarzt aufgesucht werden kann. Diese Prozedur ist zwar recht umständlich, aber man muß kein Geld vorschießen. Problemloser ist es, die Arztrechnung selbst zu bezahlen. Ist man gesetzlich versichert, sollte man sich aber erkundigen, ob die Kasse die Kosten erstattet.

Eine private Auslandskrankenversicherung, die es schon für 15 DM für ein Jahr gibt, deckt auch einen eventuellen Rücktransport per Flugzeug ab.

## Haustiere

Hunde und Katzen dürfen nach Griechenland mitgenommen werden. Verlangt werden der übliche Hunde-Impfpaß und ein amtstierärztliches Gesundheitszeugnis. Schwierigkeiten könnte es jedoch mit den Vermietern geben, denn Hunde sind in Griechenland nicht besonders wohl gelitten. Man erkundige sich also vor Reise, ob das in Aussicht genommene Hotel die Tiere aufnimmt. Eine hundefreundliche Pension ist in Almirida, ☎ 0825-31589 oder 31732 (Frau Spillmann verlangen).

## Information

Die Büros der Griechischen Fremdenverkehrszentrale (EOT) halten gute bebilderte Prospekte bereit, darunter auch einen speziellen Kreta-Prospekt mit Hotelliste (A- bis C-Klasse, aber keine Privatzimmer). Die kretischen EOT-Büros (Adressen jeweils im Ortsteil) haben in der Regel auch Bus- und Schiffsfahrpläne ausliegen.

Zweigstellen der Griechischen Zentrale für Fremdenverkehr:
*Deutschland:* Neue Mainzer Straße 22, 60311 Frankfurt/M., ☎ 069-236561-63 (Hauptbüro in Deutschland); Abteistraße 33, 20149 Hamburg, ☎ 040-454498; Pacellistr. 2, 80333 München, ☎ 089-222035-36; Wittenbergplatz 3a, 10789 Berlin, ☎ 030-2176262.
*Österreich:* Opernring 8, 1015 Wien, ☎ 01-525317.
*Schweiz:* Löwenstraße 25, 8001 Zürich, ☎ 01-2210105.

## Kirchen und Klöster

Bei einem Besuch von Kirchen und Klöstern sollten Frauen Schultern und Knie bedeckt halten, Männer keine kurzen Hosen tragen. Die Kirchen sind verschlossen, wenn keine Aufsichtspersonen zugegen sind. Man muß dann jeweils in der Nachbarschaft fragen, wer den Schlüssel verwahrt – aber bitte nicht während der Siesta.

Der Aufschließer erwartet für seine Mühe ein Entgelt. Schließt Ihnen ein Papás auf, so gebe man nicht ihm die kleine Spende, sondern lege einige Scheine auf den Teller, der gewöhnlich neben den Kerzenbehältern oder am Ausgang steht.

## Kriminalität

Sogar in Griechenland steigt die Kriminalitätsrate. Im großen und ganzen ist sie jedoch weit niedriger als in Deutschland, so daß die üblichen Sicherheitsvorkehrungen ausreichen.

## Maßeinheiten

Statt „Liter" sagen die Griechen „Kilo", die anderen Maße entsprechen denen in Deutschland.

## Notruf

Polizei: ☎ 100. – Erste Hilfe: ☎ 166.

## Öffnungszeiten

Die Museen und archäologischen Stätten sind in der Regel 8.30–15 Uhr

92  Polyglott

## PRAKTISCHE HINWEISE VON A–Z

geöffnet, montags geschlossen. Die bedeutenden Stätten wie Knossós, Phaistós (Festós), Mália und das AMI haben länger und auch montags geöffnet.

*Post:* 7.30–14 oder 15 Uhr, in den Städten auch bis 18 Uhr.

*OTE (Telefonamt):* unterschiedlich, in größeren Orten ganztags und bis in die Nacht hinein.

*Banken:* 8–14 Uhr.

*Geschäfte:* Mo, Mi, Sa ca. 8–14 Uhr, Di, Do, Fr ca. 8–13 und 17–20.30 Uhr.

### Postgebühren

Sie ändern sich wegen der Inflation laufend, die Preise sind etwas niedriger als in Deutschland. Briefmarken gibt es gegen einen geringen Aufschlag auch an den Kiosken oder in Läden, die Postkarten verkaufen.

### Radio und Fernsehen

ET1 sendet täglich um 15 Uhr Nachrichten in englischer, deutscher und französischer Sprache. Viele Hotels haben Satellitenfernsehen und können deutsche Privatsender empfangen.

### Strände

Strände sind nach griechischem Gesetz grundsätzlich öffentlich. Strandhotels dürfen „ihren" Strand also nicht absperren.

### Telefon

Am wenigsten stressig telefoniert man mit Telefonkarten, die man in der Telefongesellschaft OTE oder an Kiosken ab 1000Dr. kaufen kann. Zur Zeit wird das ganze Netz der öffentlichen Fernsprecher auf Karte umgestellt. Telefonieren kann man auch an den Kiosken, man zahlt geringfügig mehr als beim OTE. In der Post kann man hingegen *nicht* telefonieren.

Die Vorwahl nach Deutschland ist 0049, nach Österreich 0043, in die Schweiz 0041. Dann wählt man die Ortskennzahl ohne die Null, danach die Nummer des Teilnehmers.

### Toiletten

Sie können auch ohne etwas zu bestellen die Toiletten der Restaurants benutzen. Das Papier wirft man nicht in die Toilette – Verstopfungsgefahr der Abflußröhren –, sondern in den bereit stehenden Korb.

### Trinkgeld

Man rundet auf etwa zehn Prozent auf. Trinkgeldempfänger sind Taxifahrer, Zimmermädchen und Kellner.

### Verkehrsregeln

Die Höchstgeschwindigkeit beträgt für Autos innerhalb von Ortschaften 50 km/h, auf Landstraßen 80 km/h.

Ansonsten sind die Vorschriften wie in Deutschland. Vor unübersichtlichen Kurven hupen.

### Zeit

Ganzjährig Mitteleuropäische Zeit (MEZ) plus eine Stunde. Auch Griechenland hat Sommerzeit.

### Zeitungen

Deutschsprachige Zeitungen und Zeitschriften sind in den Urlaubsorten und Städten mit einem Tag Verspätung (und Preisaufschlag) erhältlich.

### Zollbestimmungen

Für Reisende aus den Ländern der Europäischen Union sind Dinge des persönlichen Bedarfs grundsätzlich zollfrei (für Personen ab 17 Jahren 800 Zigaretten, 200 Zigarren, 90 l Wein und 10 l Spirituosen).

Für Reisende aus Nicht-EU-Ländern und für Waren aus dem Duty-free-Shop gelten nach wie vor die alten Zollbedingungen (200 Zigaretten oder 50 Zigarren oder 250 g Tabak, 1 l Spirituosen über und 1 l Wein und 2 l Spirituosen unter 22 Vol.-% (15°) und 2 l Wein). Verboten ist die Einfuhr von Antiqitäten und von Ikonen, die älter als 50 Jahre sind.

Polyglott **93**

# Register

## Sachregister

Agía Galíni 60, 78
Agía Pelagía 76
Agía Rouméli 82, 84
Agía Triáda Kloster 54, **59**
Agía Varvára 56
Ágios Geórgios 61
Ágios Nektários, Aussichtsterrasse 69
Ágios Nikólaos, Kloster 24
Ágios Nikólaos 24, **44**, 60, 62, 66
– Ágios-Nikólaos-Kirche 44
– Archäologisches Museum 44
– Halbinsel 44
– Voulisméni-See 44
Akrotíri, Halbinsel 54
Almiridá 80
Ammoudári 82
Amnissós 62
Anógia 24, **72**, 86
Archánes 16, 24, **43**
Arkádi, Kloster 24, **76**
Árvi 68
Askífou 82
Askífou-Hochebene 82
Auto 32

**B**ahn 32
Balí 76
Bergsteigen 30
Bezoarziege 10
Byzanz (Konstantinopel) 16, 17, 21

**C**amping 31
Chamiló 46
Chaniá 17, 21, 24, 48, 50, 85,
– Archäologisches Museum 52
– Arsenale, venezianische 52

– Hafenbastion Firkas 52
– Janitscharenmoschee 52
– Kapelle des Ágios Nikólaos 52
– Katholische Kirche 51
– Kirche Ágios Nikólaos 52
– Ledergasse Skrídlof 51
– Leuchtturm 52
– Loggia, ehemalige 52
– Markthalle 51
– Nautisches Museum 52
– Renieri-Palast 52
– San-Francesco-Kirche 52
– Stadtpark 52
– Venezianische Patrizierhäuser 52
– Venezianischer Hafen 52
Chaniótikos 26
Chersónissos 24, **64**
Chóra Sfakíon **82**, 84
Chrisoskalítisa, Kloster 24, **89**
Chríssi 69
Chrissólakkos 66

**D**áfnes 24
Diktäische Grotte (Zeushöhle von Psichró) 61
Díkti-Massiv 8
Diptam 10

**E**lafonísi 86, 88, **89**
Élos 88
Eloúnda 30, **46**
Eparchies 14
Episkopí 63
Estiatórion 26

**F**ahrradtouren 30
Flugzeug 32
Fódele 76
Fourní 43
Foúrnou Korífi, Ausgrabungsstätte 68
Frangokástello 83

**G**alatás 85
Gavalochóri 24
Gávdos 8, **87**
Georgioúpolis 80
Goniá, Kloster 22, **88**

Górtis 16, 17, **56**
– Akropolis 58
– Amphitheater 58
– Isis-und-Serapis-Heiligtum 58
– Nymphenheiligtum 58
– Odeion 57
– Platane 58
– Recht von Górtis 57
– Stadion 58
– Theater 58
– Thermen 58
– Tituskirche 57
Gourniá 20, 41, **67**
Gouvernéto, Kloster 54
Goúves 30, **63**
Grab von Eleftheríos Venizélos 54
Gramvoúsa 21

**H**otels 31

**Í**da-Massiv (Óros Ídi) 8, 20, 24, 30, 58, 72, 86
Ídi-Höhle 74
Ierápetra 68
Ímbros 82
Ímbros-Schlucht 30
Iráklion 17, 21, 22, 24, 33, 48, 60, 62, 74
– Agía Ekateríni 38
– Archäologisches Museum (AMI) 34
– Bembobrunnen 38
– Dädálou 36
– Große Mináskirche 38
– Hafen 37
– Hafenfort, venezianisches 37
– Historisches Museum 37
– Ikonenmuseum 38
– Katharinenplatz 38
– Kazantzákis-Grab 38
– Kleine Mináskirche 38
– Loggia 36
– Marktgasse 38
– Martinengo-Bastion 38
– Morosinibrunnen 36, 37
– Tituskirche 37
– Venizélosplatz 36

**J**ohanniter 21
Jugendherbergen 31

# REGISTER

Kafeníon 12
Kalamáki 60
Kándanos 86
Kap Drápano 80, 81
Karterós 62
Kastélli Kissámou 88
Katholikón, Kloster 54
Káto Zákros, Palast von 16, **71**
Keratokámbos 69
Kinotites 14
Knossós 8, 16, 20, **40**, 58
– Halle der Doppeläxte 42
– Kleiner Palast 42
– Lichtschacht und Lustralbad 42
– Magazine 42
– Megaron der Königin 42
– Megaron des Königs 42
– Nordeingang 42
– Piano Nobile 42
– Prozessionsweg 43
– Schautreppe 43
– Südpropylon 42
– Südzugang 43
– Terrasse 42
– Thronraum 42
– Toilette der Königin 42
– Treppenhaus 42
– Werkstätten 42
– Westeingang 42
– Westhof 42
– Wohnräume 42
Kókkino Chorió 81
Kolimbári 88
Konstantinopel (Byzanz) 16, 17, 21
Koufoníssi 69
Kournás 80
Krássi 61
Kritsá 22, 24, 46

Lassíthi-Ebene 22, **60**
Lató 46
Lefká Óri (Weiße Berge) 8, 30, 82
Lefkógia 78
Linienbus 32

Magarítes 76
Makrigialós, Strand von 69
Máleme **86**, 88
Mália, Palast von 16, **64**
– Agorá 66
– Halle 66
– Innenhof 65
– Kernos 64
– Magazine 65, 66
– Magazintrakt 64
– Nordhof 66
– Pfeilerkrypta 65
– Thronraum 65
– Umbau 66
– Westhof 64
– Wohnräume 66
Mantinádes 25
Mátala 60
Melidóni, Tropfsteinhöhle 76
Meltémi 9
Messará-Ebene 58
Mietfahrzeuge 32
Milátos 64
Minoer 16
Mirabéllo-Golf 69
Míres 58
Mírtos 68
Móchlos 66

Néa Dimokratía 18
Neápolis 66
Nída-Hochebene 72, **74**
Nírou Cháni 62
Nomoi 14

Óchi-Tag 24
Oloús 46
Omalós-Ebene 84
Ouzeri 26

Paläóchora 84, **86**
Palékastro 20
Panagía Kerá, Kloster 22, **46**, 61
Páno Zákros 70
PASOK 14, 18
Pentozális 26
Phaistós 16, 41
Phaistós, Palast von (Festós) 58
– Bronzeschmelzofen 58

– Eingang 58
– Gassen 58
– Haupteingang 58
– Hausmauern 58
– Innenhof 58
– Kammern 59
– Königliche Gemächer 59
– Lustralbad 58
– Magazinräume 58
– Pithoi 58
– Thronraum 58
– Westhof 58
Philotimo 12
Philoxenia 7
Pitsídia 60
Pláka 30, 80, 81
Plakías 78
Préveli 78
Préveli, Strand von 78
Priniás 56
Privatzimmer 31
Psárotaverna 26
Psilorítis 8, 24, 30, 72, **74**
Psíra 66

Réthimnon 21, 22, 24, 30, **48**, 79
– Archäologisches Museum 49
– Moschee des Kára Moussá Paschá 48
– Moschee des Pascha Nerazza 49
– Odós Arkadíou 48
– Rimondibrunnen 48
– Stadtstrand 48
– Sultan-Ibrahim-Moschee 50
– Venezianische Loggia 48
– Venezianischer Hafen 48
– Zitadelle 49
Rhodos 21
Rhyta 21
Rizitika 25
Rodiá 75
Rodopoú, Halbinsel 88
Roúvas-Schlucht 30, 56

Samariá-Schlucht 10, 30, 82, **84**
San Antonio 44

Polyglott **95**

# REGISTER

Sarakina Schlucht 60
Savvathianón, Kloster 75
Schiff 32
Sfakiá 17
Sirtáki 22
Síssi 64, 66
Sitía 8, 24, **69**
Slavókambos 72
Soúda 21
Soúda-Bucht 81
Soúgia 86, **87**
Soústa 26
Spíli 78
Spinalónga 21, 44, **45**

Tal der Toten 70
Taverne 26
Taxi 32
Tílisos 72
Tobrúk 62
Tóplou 10, 22, **70**
Tropfsteinhöhle der Eleithyia 63
Tropfsteinhöhlen 9

Vaï 70
Valsamónero, Kloster 22, 56
Vámos 24
Vathípetro 20, **43**
Venedig 17
Vorízia 56

Vrísses 02
Vrondísi, Kloster 56

Wandern 30
Wassersport 30
Weiße Berge (Lefká Óri) 8, 30, 82

Xenophobia 7

Zacharoplastíon 27
Zarós 30, 56
Ágios Nikólaos, Kloster 56
Zeushöhle von Psichró (Diktäische Grotte) 61

## Personenregister

Alberti 22

Cacoyánnis, Michális 22, 80

Damaskinós, Michális 22, 37, 38
Daskalojánnis 17, 82

El Greco 22, 26, 37, 76
Elítis, Odisséas 37
Europa 17
Evans, Arthur 34, 36, 40, 42, 58

Georg, Prinz 18

Homer 8, 10

Kalokärinós, Mínos 37, 40
Kazantzákis, Níkos 22, 26, 37, 46
Kornáros, Vitzénzos 37

Metaxás, General 18
Minás, hl. 24, 38
Minos 8, 42
Mitsotákis, Konstantinos 18

Papadópoulos 19
Papandréou, Andréas 19
Paulus, Apostel 16, 57
Phokás, Nikiphóros 16
Platon, N. 36
Prevelákis, Pandelís 26, 48

Sanmicheli, Michele 21
Schliemann, Heinrich 40
Skoulas, Vassilis 74

Theodorákis, Míkis 22
Theseus 8
Titus, hl. 16, 24, 57

Venizélos, Eleftheríos 18, 54

Xilouris, Nikos 74

Zeus 17

## Bildnachweis

Alle Fotos APA Publications/Gly Genin außer Taurus Film: 23/1. Umschlag: Mauritius/Thonig (Bild), Bernd Ducke/Superbild (Flagge).